Chinese for Advanced Beginners

CHINESE
for Advanced Beginners

ELLIE MAO MOK

FREDERICK UNGAR PUBLISHING CO.
New York

ACKNOWLEDGMENTS

The author acknowledges with appreciation the contribution of
Mr. Robert Lee for his handsome calligraphy, Miss Vickie Parker
for proofreading, and Mr. T. C. King for his expert typing of
Chinese characters both in this book and in <u>Chinese for Beginners</u>.

                                        E. M. M.

Larchmont, New York
June, 1980

TABLE OF CONTENTS

Syllables:

| dui | kao | kong | pian | tong | yong |

VOCABULARY:

dì-èr	second
zhèng zài	just at this moment
wǎnshàng	evening
húijīa	to return home (húi-to return to a place; to be used with lái or qù meaning to come back or to go back)
zúotian	yesterday
wǎn	late
wár	to play, to enjoy, to have fun
tòngkùai	to one's heart's content
rènshi	to know; to recognize
mǔqin	mother
gāoxìng	happy
dùile	correct
shūo	to say
shūohùa	to talk
yǒu yìsijíle	most interesting
yìsi	meaning; idea
xúewèn	knowledge
yǒu xúewèn	knowledgeable
tīngshūo	hearsay
dàxúe	college
jīaoshū	to teach (lit. teach books)
yóulì	to tour, to visit a place leisurely
tóngxúe	schoolmate
yǐqían	before, previously
láiguo	to have been to
gùo	over, to pass over
shì	matter, affair, work, job
ní zěnmo shūo-a?	How do you say? (everyday phrase)
pìanzi	film
kǒngpà	for fear of, be afraid of
yīnwèi	because, on account of
kǎoshì	examination, test
xǐe	to write
bàogào	report

jiāo	to hand in
jiāo gěi	to hand over to
yǐhòu	later, afterward
yònggōng	be studious
búguò	not more than; however
zhōngtóu	clock hour (the measure for 'zhōngtóu' is 'gè')
háishi qùba!	Let us still go!
dōngxi	things ('dōng' means 'the east'; 'xī' means 'the west'; together it means 'things')
hùi (Aux. verb)	know how

CONVERSATION:

dì-èr tīan Qían Aìhúa zhèng zài chī zǎofàn, Wénshān jìu dǎ dìanhua láile.

Wénshān: wài, Aìhúa, zǎo. ní yǐjing qǐlaile ma?	Hello, Aìhúa, Morning! Are you already up?
Aìhúa: zǎo. wó zǎo jìu qǐlaile. zúotian wǎnshang húijia bú tài wǎn ba?	Morning! I've been up for a long time. (I guess,) you did not return home too late last night?
Wénshān: bùwǎn. zúotīande wǎnhui zhēn hǎo. wó wǎrde zhēn tòngkuai. hái rènshile bùshǎo péngyou. wó fùqin mǔqin yě wǎrde hěn gāoxìng.	No, not late. Last night's party was really good. I enjoyed a great deal. I also met a lot of friends. My parents also enjoyed very much.
Aìhúa: dùile. bàba shūo, nǐmende péngyou, Zhāng Zhōnghǎi hén yǒu xúewen. gēn tā shūohùa yǒu yìsi jíle. tīngshuo, tā zài Shànghǎi jīaoshū. xìanzai lái Běijing yóuli, shìma?	Right. Dad said, your friend, Zhāng Zhōnghǎi is very knowledgeable. Talking with him is most interesting. I heard that he teaches in Shànghǎi. Now, he came to Běijīng to visit. Is that right?
Wénshān: dùile. tā shi fùqin dàxue shíhoude tóngxúe. yǐqian méiyou láiguo Běijing. xìanzai lái Běijing yóuli, yóuli. Ah, Aìhúa, zúotian wǎnshang wǒ yào qíng ní kàn dìanyingde shì, ní zěnmo shūo-a? zhèige lǐbaide dìanying hěn hǎo. hěn dūo rén kànguole dōu shūo hǎojíle.	Right. He was my father's classmate at college. Previously, he has not been to Běijing. Now, he came to tour the city. Ah, Aìhúa, What do you say to my invitation last night to the movies? This week's movie is very good. A lot of people saw it. They all said, it was terrific.

Aìhúa: wó yě tīngshuo zhèige piànzi
hén hǎo. búguo zhèige lǐbailìu wǒ
kǒngpa bùneng péi nǐ qù yīnwei wǒ
yào kǎoshì hái yào xiě liǎngge
bàogào.

I also heard that this film was very
good. But I am afraid I can't go with
you this Saturday because I have
tests and I have to write two reports.

Wénshān: nǐ shénmo shíhou kǎoshì?
něitian jīao bàogào?

When do you have tests? When are the
reports due?

Aìhúa: liǎngge lǐbai yǐhòu.

Two weeks later.

Wénshān: liǎngge lǐbai yǐhòu! nǐ
xìanzai jìu yùbei! zhēn yònggōng.
qù kàn diànyǐng búguo liǎng-sānge
zhōngtóu. háishi qù ba.

Two weeks later! And you are preparing
them now! You are really studious.
To see a movie only takes two or three
hours. Let's still go.

Aìhúa: zhēnde bùneng qù. lǐbailìu
wǒ hái yào péi wǒ mǔqin qù mǎi
yìdiar dōngxi. zài guò liǎngge
lǐbai wǒ gen nǐ qù. hǎo ma?

I really cannot go. On Saturday I
have to go shopping with my mother.
I will go with you after two weeks.
Is it all right?

Wénshān: hǎoba, hǎoba, wǒ zài géi nǐ
dǎ diànhùa. zàitán.

All right, I'll telephone you again.
We'll talk again.

PATTERN DRILL:

dì-èr tīan (the second day)   Add particle 'dì' to any cardinal number
                               to make it into an ordinal number:

    dì-yī, dì-èr, dì-sān, dì-sì etc.
    (the first, the second, the third, the fourth, etc.)

        dì-yī bēi chá   (the first cup of tea)
        dì-èr gè rén   (the second person)
        dì-sì běn shū   (the fourth book)
        dì-bā zhī qīanbǐ (the eighth pencil)

    jīntian shi dì-yī tīan wǒmen qù tīananmen cānguan.
    (Today is the first day that we go to visit the Gate of the
    Heavenly Peace.)

    tā shi dì-yī ge kèren. (He is the first guest.)
    zhèshi wǒ mǎide dì-sì ben shū. (This is the fourth book I bought.)

zhèng zài (just at this moment)
        Aìhúa zhèng zài chī fàn. (Aìhúa is eating.)
        Wénshān zhèng zài kàn shū. (Wénshān is reading.)
        Zhōnghǎi zhèng zài dēngjì. (Zhōnghǎi is registering.)

wǒ wárde tòngkùai (I enjoy myself fully.)   verb plus 'de' plus 'adverb'

        Wénshān wárde hěn tòngkùai.(Wénshān enjoys to his heart's content.)

        Aìhúa chīde tài shǎo. (Aìhúa eats too little.)

        wǒmen tánde zhēn gāoxìng. (We had a lot of fun talking.)

        háizimen wárde hǎojíle. (The children played extremely well.)

wǒ rènshi Wénshān (I know Wénshān.)

        zài wǎnhui wǒ rènshile hěnduo péngyou.(At the party,I made
                    many friends.)

        nǐ rènshi nèige rén ma? (Do you know that person?)

        wǒ rènshi tā kěshi tā bú rènshi wǒ.(I know him but he doesn't
        know me.)

shūo (to say,to speak,to be used before a quotation)

        wǒ shūo,"wǒ jīntian bùneng qù." (I said,"I cannot go today.")

        māma shūo,"jìao Wénshān lái chīfàn.(Mother says,"Tell Wénshān
                  to come and eat.")

shūohùa (to speak,to talk,not to be used before a quotation)

        wǒ gen Aìhúa shūohùa bù gen Wénshān shūohùa.

        (I talk to Aìhúa not to Wénshān.)

        qíng nǐmen dōu búyao shūohùa. (Please don't talk.)

shūo.....hùa (to insert the specific dialect or language in between
             'shūo' and 'hùa')

        shūo Zhōngguo hùa.(Speak Chinese.)

        shūo Shànghai hùa.(Speak Shànghǎi dialect.)

        shūo Yīngguo hùa.(Speak English.)

        Wénshān hùi shūo Zhōngguo hùa yě hùi shūo Yīngguo hùa.

        (Wénshān can speak Chinese;(he) also can speak English.)

        wǒ bú hùi shūo Shànghǎi hùa.(I don't know how to speak Shànghǎi
                  dialect.)

de (as a link between a group of adjectives and the noun which they
    modify)

            hěn hǎode shū (very good book)

            dà zhāngde dìtú (large map)

            bú tài hǎochīde cài (not too tasteful food)

            Qían Aìhúa jīade wǎnhùi (the party at Aìhúa's house)

            wǒ fùqinde péngyou (my father's friend)

yǐqían (previously;before)

yǐhòu (later;after)   These time words are placed at the end of the
           subordinate clause rather than at the beginning:

chīfan yǐqian tā kàn shū.(Before he eats,he reads.)

chīfan yǐhou tā zǒule. (After he ate,he left.)

Zhōnghǎi qù Tīananmen cānguan yǐqian tā qù fàntáng chī zaǒfàn.
(Before Zhōnghǎi goes to visit the Gate of the Heavenly Peace,
he goes to the dining hall to eat breakfast.)

Wénshān húi jīa yǐhou gěi Aīhúa dǎ dìanhùa.
(After Wénshān came home,he telephoned Aīhúa.)

However, when 'yǐqian' is used as 'previously' it stays at the beginning
of the sentence:

yǐqian tā méiyou láiguo Běijing.
(Previously he's never been to Peking.)

yǐqian tā méi you chīguo Zhōngguo fàn.
(Previously he has not had Chinese food.)

And 'yǐhou' as 'afterwards' stays also at the beginning of the sentence:

tā shūohua hěn bú kèqi.yǐhou wǒ bú qù tā jīale.
(He was very rude.From now on,I won't go to his house
any more.)

yǐhou qǐng nǐ lái wǒjia wár.
(Please visit our home from now on.)

yǒu yìsi (interesting;amusing;cute)

zhèige rén hén yǒu yìsi.(This person is interesting.)

nèiben shū méiyou yìsi.(That book is boring.)

Wángtàitaide háizi zhēn yǒu yìsi. (Mrs. Wáng's child is
really cute.)

yìsi (meaning;idea)

wǒ bù zhīdao tā shénmo yìsi. (I don't know what he means.)

tāde yìsi hén hǎo. (His idea is very good.)

qù gùo (has been to) ('verb'plus 'gùo' to indicate having experienced)

yǐqian nǐ qù gùo Zhōngguo ma? (Have you been to China
before?)

wǒ méiyou kàn guo Zhōngguo dìanyǐng.
(I have not seen any Chinese movie yet.)

nǐmen qù gùo Wénshānde jīa ma?
(Have you been to Wénshan's house?)

nǐ hái méi chī gùo Wángtàitaide cài ma?
(Haven't you tasted Mrs. Wáng's dishes yet?)

gùo lái (to come over)

qǐng nǐ gùo lái kàn zhèiben shū.(Please come over to
see this book.)

- 5 -

Zhāng xiānsheng,qǐng nín guò lái dēngjì.

(Mr. Zhāng,please come over to register.)

guò qù (to go over)

qǐng nǐ guò qù bāng tā máng. (Please go over to help him.)

wǒ guò qù ná nèiben shū.(I go over to fetch that book.)

EXERCISES:

I. Translate the conversation line by line without referring to the
English translation.

II. Without referring to the Pínyīn,repeat the conversation in Chinese
with the help of the English translation.

III. Two students to recite the entire conversation in front of the class.

IV. Translate the following sentences into English:

1. zhèishi wǒ zài nèige shūdian mǎide dì-sìben shū.

2. dì-yī tiān wǒmen cānguānle Běijing dàxue,dì-er tiān wǒmen cānguānle
Rénmin Dàhuitáng.

3. tā lái wǒ jiāde shíhou,wǒ zhèng zài chīfan. wó qǐng tā zuòyizuo.

4. fúwuyúan gěi Zhāng xiānsheng dǎ diànhua. Zhāng xiānsheng zhèng zài xiūxi

5. zúotian tā méiyou lái xúexiao yīnwei tā méiyou qǐlai.

6. jīntian Wénshan zài péngyou jiā chīfan;chīde hěn tòngkuai;wárde hěn
gāoxìng.

7. nǐ shūo dùile. wǒ shì xìng Zhāng,jiào Zhōnghǎi.

8. zài dàxueli wǒmen yóu hěnduo tóngxue. yóu hěnduo shì wǒmende péngyou,
yé yóu hěnduo búshì.

9. Zhōnghǎi shì Jiashēngde tóngxúe búshi wénshānde tóngxúe.

10. yǐqian wǒ dào zhèr láide shíhou,Zhōngguorén bú tài dūo,xìanzai dūole.

11. dàole wǎnhui yǐhou,Wénshān gen péngyoumen tánhùa.

12. rén rén dōu xíang yǒu xúewen,kěshi búshi rén rén dōu yǒu xúewen.

13. Jiashēngde yìsi shi jiào Wénshān xiān qù wǎnhùi.

14. zhèiben shū tài méiyou yìsi,wǒ bù xǐang kànle.

15. xúeshēngmen dōu hùi shūo yīngwen kěshi hěn shǎo rén hùi shūo Zhōngguo
hùa.

16. tā hùi shūo Zhōngguo hùa yě hùi shūo Yīngguo hùa.

17. wáng xiānsheng zhèng zài gēn Qían Àihúa shūohùa.

18. wǒ tīngshuo Běijing hǎo wárjíle. wǒ zhēn xǐang qù kànkan.

19. tīngshuo,Wénshān xíang qǐng Àihúa qù kàn diànyǐng.

20. zhèige lǐbàide nèizhāng piànzi bù hěn hǎokàn. wǒmen búyao qùle.
děng yóu hǎo piànzi zài qùba.

- 6 -

21. wǒ zhēn xiǎng dào nǐjia lái kàn nǐ. búguo jīntian wǒ tài mángle.
xìalǐbai wǒ zài lái kàn nǐ ba.
22. zhèi liǎng tīan wǒde shì tài dūo. xìalǐbàide kǎoshì kǒngpa kǎo bùhǎo.
23. wǒ jīntian xǐele yìtīande bàogào. yě méiyou shíhou chī zhōngfan.
24. Zhōnghǎi qǐng Wénshān bá Běijing dìtú jǐaogei Jǐashēng.
25. Aìhúa shūo, liǎngge lǐbai yǐhou tā yào jǐao bàogào.
26. Aìhúa shi yíge hěn yònggōngde xúesheng.
27. zhèiben shū búguo sì kùai qían; nǐ yě mǎi yìben ba.
28. Wénshān chīle búguo yìwǎn fàn.
29. zhèr búguo yǒu shíliuge xúesheng.
30. wǒ xiǎng mǎi yìdiar dōngxi, kěshi bù zhīdao mǎi shénmo hǎo.
31. zhèige shūdìanli yǒu hěn dūo shū búguo méiyou wǒ xiǎng mǎide nèiben
zìdǐan.
32. jīntian tài wǎnle. wǒmen zài tán ba.
33. Wénshān xiǎng gēn Aìhúa tánhùa kěshi Aìhúa méiyou gōngfu.
34. Zhōnghǎi gēn Jǐashēng tánle hěnduo shíhoude hùa. tāmen tánde hěn
tòngkùai.
35. tā yǐqian méiyou kàn gùo Zhōngguo dìanyǐng. jīntian tā kànle, shūo
hén hǎo.

V. Translate the following sentences into Chinese:

1. The first day I went to her house, she was not home. Her mother said,
"I am sorry, she isn't home. Please come tomorrow."

2. When we arrived at Wénshān's house, they are just eating dinner. Mrs.
Wáng asked us to sit down to eat dinner with them.

3. Yesterday my friend and I went to see a movie. That film was excellent.
We enjoyed it very much.

4. Who is that good-looking young lady? Is she your school-mate?

5. Do you know how many Chinese students are here in our college?

6. Previously I have not been to China.   I would like very much to go
there to visit.

7. After Zhōnghǎi registered at the service desk, he went to rest.

8. Before Zhōnghǎi went down to the dining hall to eat breakfast, he
telephoned the clerk.

9. My father's friend Mr. Wáng is a very learned man.

10. I am reading an interesting book. After I read it, would you also like
to read it?

11. Aìhúa does not want to talk to Wénshān because she is very busy.

12. Does Mrs. Wáng know how to speak English?

13. I heard that Zhōnghǎi was inviting Jiāshēng, his wife, and Wénshān to dinner. Did he also invite you?

14. When you have (leisure)time, you must go to China to visit.(to tour around.)

15. This student is very studious. He doesn't eat dinner; he doesn't go to the movies; he doesn't talk; he just reads books.

16. I am afraid that she cannot come, because she was not home when I telephoned her.

17. Did you hand over the money to Mrs. Wáng?

18. I would like to eat something, because I didn't eat breakfast.

NEW CHARACTERS:

第　　(dì)　　a particle

晚　　(wǎn)　　late

会　　(hùi)　　meeting; party; know how

说话　(shūo hùa) to talk

学　　(xúe)　　to learn

意思　(yì sī) meaning; idea

父亲　(fùqīn) father

母亲　(mǔqīn) mother

教　　(jīao)　to teach

因为　(yīn wèi) because

跟　　(gēn)　　and; with

现在 (xìan zài)　now

位　(wèi)　　'measure' for persons(polite form)

CHARACTER COMBINATIONS:

第一　晚会　父母亲　说话　意思　学生　教书　一会儿　因为　现在

READING SELECTION:

1. 今天的晚会，他们请你了吗？　你想去吗？

2. 文山会说中国话，不会说英国话。

3. 今天钱小姐的父母亲都不在家，请你明天来。

4. 我问她，"你的父母亲都在上海吗？"　她说，"家父在上海，家母现在不在上海，她在北京，她去北京看朋友了。"

5. 那个晚会很没有意思，我们坐了一会儿，文山说，"我们走吧"。

6. 张中海先生在上海的一个大学教书。　那个大学有很多学生，有很多学生学英文，也有很多学中文，还有人学英文也学中文，他们都是好学生。　他们说，"张先生是一位好先生，他很会教书。"

7. 钱小姐因为不想跟文山出去，她说，她很忙。

8. 今天我买了一本书，这本书是一块五毛钱，这本书很有意思。　一会儿，我还想去买一本书。

9. 钱太太问我，"你的父亲也在大学教书吗？"我说，"是，家父在北京大学教英文。"　"你也是他的学生吗？"　我说，"不是，我不学英文，我学中文，我不要跟我父亲学英文因为我是他的儿子，我学不好，他会骂我。　我不想他骂我。"

10. 一天晚上，文山到一个晚会去，在那儿，他看见很多朋友，他跟他们一起说话，一起吃饭，吃了很多菜，喝了很多茶，说了很多话，他们说到很晚。　第二天早上，文山没有起来，他没有吃早饭，也没有上学，他在家，他很累，他也不想看书，他还想那个晚会跟他的朋友们。

New syllables:

chang	dei	piao	qiu	shui	yang	zhu
cheng	ding	ping		su		
chun						

Vocabulary:

Běijing dàxúe	Peking University
màipiaoyúan	ticket seller
pìao	ticket
lí	distance from
Běi-dà	(the abbreviation for Běijing dàxúe)
yǔan	far
jìn	near
chénglǐ	inside of the city(chéng - city wall)
chéngwài	outside of the city
chàbudūo	almost
yīnglǐ	mile (lit. English mile)
fēnzhōng	minute (as dìanzhong is o'clock;fēnzhong is minute.)
yǒu shíhou	sometimes
shàng chē	to board a vehicle
zhù	to live,to stay
dàochù	everywhere
hǎowárde	pleasurable,fun
dìfang	place
háojǐge	quite a few
Qīnghúa	name of a famous university
Shīfàn	Teachers' College
Rénmín dàxúe	People's university
Kēxúeyùan	The Science Institute
kēxúe	science
yùan	Institute or college
chúle...yǐwài	aside from,besides('yǐwài' is often omitted. e.g. 'chúle shū' or 'chúle shū yǐwài')
zhídekàn	worth seeing
gōngshè *	commune
Sìjiqīng	name of a Chinese commune,Evergreen
sìjì	the four seasons
qīng	green(color)

zhòng	to plant
yì xīe	some
gù-míng-sī-yì	a Chinese saying meaning 'One gets the meaning from the title.'
cháng	often
shúiguǒ	fruit
qīngcài	vegetable
chūn	spring
xìa	summer
qīu	autumn
dōng	winter
yòu.....yòu....	not only....but also
xīhóngshì	tomato
dàde gen...yíyàng	as big as..
pínggǔo	apple
yídìng	definitely
nà	in that case
děi	must
gàosu(or gàosung)	to tell
qíantou	in front of; ahead
shítou	stone
shīzi	lion
dàmén	big gate, main entrance
jìushi	indeed
xìachē	**to get off from a vehicle**

* commune   A commune is a self-sufficient basic agricultural unit in China where, depending upon conditions, industry is also introduced and developed. Members of a commune engage in agricultural production for their own consumption and for delivery to the State, and manage their own affairs.

CONVERSATION:

    yì tīan, Zhāng Zhōnghǎi zùo gōnggongqìche dào Běijing dàxue qù kàn péngyǒu. tā zài gōnggongqìche shàng gen màipiaoyúan tánhùa.

Zhāng: yìzhang pìao dào Běijing dàxue. One ticket for Peking university.
      dūoshao qían? How much?

màipiaoyúan: sān máo qían. Thirty cents.

Zhāng: qǐng wèn, zhèr lí Běi-dà yǔan ma? May I ask you, is it far from here to Peking University?

MPY: bù yuǎn,kěshi yě bù hěn jìn. wǒmen zài chénglǐ;Běi-dà zài chéngwài. lí zhèr chàbudūo shí-èr,shí-sān yīnglǐ.

Not far but also not too near. We are in the city,Peking university is in the suburb.   It is almost twelve or thirteen miles.

Zhāng: zhèr lí Běi-dà jiù yǒu shí-èr,shí-sān yīnglǐ ma? nà bu yuǎn-a! gōnggongqìche yào zǒu sì-shi wǔ fēnzhong ba?

From here to Peking U. is it only twelve or thirteen miles? That is not far. Does it take forty-five minutes by bus?

MPY: chàbudūo. yǒu shíhou,shàngchēde kèren shǎo,sì-shi fēnzhōng jiù dàole. nín zài Běi-dà jiāo shū ma?

Just about. Sometimes when fewer passengers board the bus,it takes only forty minutes. Do you teach at Peking University?

Zhāng: bù,wǒ shi qù kàn péngyou. wǒ zài Shànghǎi jiāo shū. xìanzai lái Běijing wár.

No. I am going to see a friend. I teach in Shanghai. Now,I am here in Peking for pleasure.

MPY: hǎojíle. xīwang nín dūo zhù jǐ-tiān,dàochu wár war.

Marvelous. I hope,you stay a few more days and tour around.

Zhāng: zhèr háiyou shénmo hǎowárde dìfang ma?

Are there any other places worth see-ing?

MPY: yǒu hen dūo. lí Běi-dà bù yuǎn háiyou hǎojǐge dàxué: Qīnghúa, Shīfàn,Rénmín háiyou Kēxúeyùan. dōu hěn dà. xúesheng dōu hen dūo.

There are a lot. Not far from Peking university there are more universities Qīnghúa, the Teachers' College,Peoples' University and The Science Institute. All are very big and have many students.

Zhāng: chúle xúexiao yǐwài,háiyou shénmo zhídekànde dìfang ma?

Besides universities,are there any other places worth seeing?

MPY: a-yǒu. yǒu yíge rénmin gōng-shè jiào Sìjìqīngde,yě hěn zhí-dekàn.

Ah,yes. There is a people's commune called Evergreen (lit.Green in four seasons) It's also worth seeing.

Zhāng: nèige gōngshe dōu zhòngxie shénmo?

What does that commune grow?

MPY: 'Sìjìqīng'- gù-míng-sī-yì jiù zhīdao shì sìji cháng qīngle. tā-ménde shúiguo gen qīngcai,chūn, xìa,qīu,dōng,sìji dōu yǒu. yòu dà, yòu hǎo. nèrde xīhongshì dàde gen pīngguo yíyàng. zhēn hǎojíle.

'Evergreen'- One gets the meaning from the title. Then you know that it is green all year round. They have fruits and vegetables in all four seasons:spring,summer,autumn and winter.(They are) not only big but also good. Their tomatoes are as big as apples. Really terrific.

Zhāng: ou,nà wǒ yídìng děi qù kànkan.   Oh,then I must go there to take
    xìexie nín gàosu wǒ.   a look. Thank you for telling me.

MPY: bú xìe. xiansheng,nín kàn qían-   Don't mention it. Sir,look at the
    tou yǒu lìangge shítou shīzide   red gate with the two stone lions
    hóng dàmen jìushi Běijing dàxue.   in front of us. It is the Peking U.
    nín xìa chē ba. zàijìan.   Please get off here. Good-bye.

Zhang: xìexie nín. zàijìan.   Thank you. Good-bye.

PATTERN DRILL:

lí (distance from)   Běi-dà lí zhèr bù yuǎn
                        (It is not far from here to Peking U.)

    wǒ jīa lí Wáng jīa hěn jìn.(It is very near from my house to the
                                Wángs.)

    nǐ jīa lí xúexìao yuǎn ma?(Is it far from your house to the school?)

    wǒ jīa lí xúexìao jìu yǒu sān lǐ.(The distance between my house
            and the school is only three miles.)

shàng chē (to board a vehicle,lit. to mount a vehicle)

    qǐng nín shàng chē ba. (Please board the vehicle.)
    qǐng nín zài zhèr shàng chē ba. (Please board the vehicle here.)
    gōnggong qìche yào zǒu le. qǐng nín shàng chē ba.
    (The bus is about to leave. Please board the bus.)

shàng xúe (to go to school)

    tā jīntian bùxiǎng shàng xúe.(He does not feel like going to
                          school today.)

    wǒ tīan tīan shàng xúe dōu zùo gōnggong qìche.
    (Everyday I take the bus to school.)

xìa chē (to get off a vehicle)

    Tīananmen dàole,qǐng nín xìa chē ba. (We have arrived at the
            Gate of the Heavenly Peace. Please get off.)

    qǐng nín zài qíantou xìa chē. (Please get off in the front.)

xìa xúe (to get off from school)

    wǒmen sān dǐanzhōng xìa xúe.(We get off from school at three
                         o'clock.)

    nǐmende xúexiao jǐ dǐanzhōng xìa xúe? (At what time does your
                       school finish?)

chúle shū yǐwài (besides books)

    chúle shū yǐwài,wǒ hái yào mái lìang zhī gāngbǐ.
    (Besides books,I also want to buy two pens.)

- 13 -

chúle xiānshēngmen yǐwài, háiyou sān wèi tàitai.
(Besides the gentlemen, there are three ladies.)
chúle gōngshè, zhèr háiyou shénmo zhídekànde dìfang ma?
(Besides the commune, are there any more places worth seeing?

yòu....yòu.... (not only but also)

tāmende píngguo yòu dà yòu hǎo. (Their apples are not only big
but also good.)
nèige xuésheng yòu yònggōng yòu hǎo. (That student is not only
hardworking but also good.)
Qián Àihúa yòu gāo yòu hǎokàn. (Qián Àihúa is not only tall
but also good-looking.)

dàde gen.....yíyàng (as big as...)

tāmende xīhongshì dàde gen píngguo yíyàng. (Their tomatoes are
as big as apples.)
wǒde fángjiān xiǎode gen Wénshānde (fángjiān) yíyàng.
(My room is as small as Wénshān's.)

qiántou (in front of; ahead)

tā zuò zài wǒde qiántou. (He sits in front of me.)
nǐde qiántou yǒu shéi? wǒ bú rènshi wǒ qiántoude rén.
(Who is in front of you? I don't know the person in front of me.)
zuò zài Àihúa qiántoude shi Wénshān ma?   búshì.
(Is the person in front of Àihúa Wénshān? No.)
qiántou jiù shi Sìjìqīng rénmin gōngshè. wǒmen dàole.
(Ahead is the Evergreen commune. We have arrived.)

hòutou (behind; in back of)

zuò zài Wénshān hòutóude nèiwei xiǎojie nǐ rènshi ma?
(Do you know the young lady who sits behind Wénshān?)

méiyou rén zuò zài wǒde hòutou. (Nobody sits behind me.)

shàngtou (on top of; above)

shū shàngtou yǒu shénmo? (What is on the top of the book?)

gōnggong qìche shàngtou yǒu hěn duō rén.
(There are many people on board the bus.)

Wáng tàitaide jiā zài shān shàngtou.
(Mrs. Wáng's house is on the top of the mountain.)

xiàtou (at the bottom; underneath)

shū xiàtou méiyou dōngxi. (There is nothing underneath the book.)
shéi zhù zài shān xiàtou? (Who lives at the bottom of the moun-

tain?)

lǐtou (inside)

        tāmen dōu bú zài lǐtou.(None of them are inside.)

        Wénshān jìnlai zài xúexiao lǐtou méiyou kànjian Àihúa.

        (Lately Wénshān has not seen Àihúa in the school.)

        kèrén dōu zài lǐtou chīfan. (The guests are all eating
                                        inside.)

wàitou (outside)

        hěnduo rén zài wàitou kàn tāde mǎ.

        (A lot of people are outside looking at his horse.)

        kèren dōu zài lǐtou. méiyou rén zài wàitou.

        (The guests are all inside. No one is outside.)

nà (in that case)

        nà wǒ yídìng děi qù kànkan.

        (In that case, I must go and take a look.)

        nǐ shūo nǐ jīntian tài máng. nà wǒ jìu bù lái kàn nǐ le.

        (You said that you were too busy today. In that case,

        I won't come to see you at all.)

EXERCISES:

I. Translate the conversation line by line without referring to the
   English translation.

II.Without referring to the Pīnyīn,repeat the conversation in Chinese
   with the help of the English translation.

III.Two students to recite the entire conversation in front of the class.

IV. Read the following sentences and translate into English:

   1. Wáng xīansheng bú zài jīa. tā dào wàitou qùle.

   2. xīansheng,wǒmen jìu yào chūfāle. qǐng nín shàngchē ba.

   3. Àihúa jīntian méiyou lái shàngxúe yīnwei tā zǎoshang méiyou qǐlai.

   4.Wáng tàitai zhù zài shān shàng ma? wǒ bùzhīdao.

   5.háizimén zài nèige shān shàng wár. tāmen wárde zhēn gāoxìng.

   6.jīntian wǒmen dōu qù kàn diànyǐng. shéi xīan qù mǎi piào?

   7.Wénshān shūo,tā bùnéng qù kàn diànyǐng yīnwei tā jīntian méiyou qían.

8. nǐde jīa lí xúexiao yǔan ma? yǒu dūoshao lí?

9. wǒmende xúexiao bú zài chéngwài, zài chénglǐtou.

10. Wénshānde jīa zài chéngwàitou yíge xǐao shānshang. lí xúexiao yǔan jíle.

11. Jīashēng tīantian qù jīao shū, yǒushíhou zùo gōnggong qìche; yǒushíhou bú zùo.

12. qíng nǐ bāng wǒ dàochu kànkan yǒu méiyou wǒde shū.

13. jīntian Wáng tàitaide háizi láile. tā zhēn hǎowár.

14. wǒ bùzhīdao Jīashēng zhù zài nǎr. nǐ zhīdao ma? tīngshūo, tā zhùzai chéngwài shānshang, dùi ma?

15. zhèige dìfang lí xúexiao tài yǔanle. zùo gōnggong qìche yào yíge zhōngtou ba?

16. sìji jìu shi: chūn, xìa, qīu, dōng.

17. chúle shū yǐwài, wǒ hái yào mǎi yì zhāng dìtú, yìben zìdǐan gen sānge běnzi.

18. Zhōnghǎi zài Shànghǎi jīali, zhòngle hěn dūo qīngcài gen shúigǔo.

19. tā tīantīan yào chī shúigǔo gen qīngcài.

20. chúle jīsitāngmian, nǐ hái xǐang chī shénmo?

21. nǐ xǐang, zhèige lǐbàide pìanzi zhíde kàn ma?

22. zhèige dìfang, chūntīande shíhou zhòng qīngcài; qīutiande shíhou zhòng shúigǔo.

23. màicàide rén yǒu mài shúigǔo yǒu mài qīngcài. wǒ dōu yào mǎi yìdǐar.

24. nǐ yào chī xīhongshì ma? búyào. wǒ yào chī qīngcài gen jī. hái yào hē chá.

25. zhèige pínggǔo zhēn dà. wó yé xíang mǎi jǐgè.

26. dàmen wàitóude nèi lǐangge shítou shīzi bù yíyàng.

27. tā gàosu nǐ tā jīntian bùlái ma?

28. xīansheng gàosu wǒmen xìa lǐbai yóu kǎoshì. wǒmen děi yùbèi.

29. zhèi běn shūde xiàtou yǒu yì zhī bǐ. shi nǐde ma?

30. zhèige dìfang yǒu tài dūo shítou, bù hǎo zǒu. wǒmen dào nèr qù ba.

V. Say the following sentences in Chinese:

1. I want to buy four tickets. How much for each ticket? How much all together?

2. Where do you want to go, Sir? Please buy a ticket.

3. May I ask you, is it very far from here to the Gate of the Heavenly Peace?

4. How many miles are there between here and Běijīng University?

5. Please get on the bus. We are leaving now.

6. How long does it take to get to the Great Hall of the people? About
   ten minutes.
7. Is the Great Hall of the People near the Plaza of the Gate of the
   Heavenly Peace? The Great Hall of the People is at the Plaza of
   the Gate of the Heavenly Peace.
8. Sir, are you here in Běijīng for pleasure? I hope you stay a few more
   days to tour around.
9. What time is it now? It is almost eight o'clock. Are you going
   to eat dinner?
10. Where do you live? In the city or in the suburb?
11. Běijīng is really an interesting place. There are many things worth
    seeing.
12. We do not live in China. Wénshān and Àihúa live in China.
13. In our college, are there any foreign students besides the Chinese
    students?
14. Is this book worth buying? Are you going to buy one?
15. I have never been to a Chinese commune. Have you?
16. In the spring, what do you want to plant? Vegetables.
17. He does not want to eat any dinner. He only wants to eat some fruit.
18. Little children often do not eat vegetables.
19. Have you eaten tomatoes which are as big as apples?
20. This student is as hardworking as the other one?
21. Is the pencil underneath my book yours?
22. Who is that person outside the school? Do you know him?
23. Wénshān did not see Zhōnghǎi in room 401. He does not know where
    Zhōnghǎi is.
24. Sir, please get off in front of the red gate.
25. Where are the stone lions? They are in front of Běijīng university.
26. Someone told me Mrs. Wáng planted a lot of vegetables and fruits.
27. Where did Zhōnghǎi go to see a friend? Běijīng University.
28. Where was he talking to the ticket-seller? On board the bus.
29. What are you going to eat for dinner tonight?
30. Tonight, I would like to eat chicken noodle soup, dumplings, rice,
    vegetables, fruit and drink a few cups of tea.
31. Won't you eat anything? No, I do not feel like eating.
32. This morning I did not have time to eat breakfast. Now, I feel like
    eating a lot of things.

NEW CHARACTERS:

里头	(lǐ tóu) inside		东西	(dōngxī) east west; thing	
外头	(wài tóu) outside		远	(yuǎn) far	
玩儿	(wár) to play, to have fun		近	(jìn) near	
青	(qīng) blue, green		城	(chéng) city	
季	(jì) season		离	(lí) distance from	
住	(zhù) to live, to stay		四季青	(Sìjìqīng) Evergreen	
从	(cóng) from		里	(lǐ) mile	
			得	(děi) must, to have to	
			得	(dé) to obtain	

READING SELECTION:

1. 文山的家住在城里头一个小山上离大学很远，他天天上学得坐很久公共汽车。 有一天文山在公共汽车上看书，到了大学他没有下车，他晚到了。

2. 有一天文山在大学里看见了一个很好看的小姐，她姓季叫文英。 文山想请她到家里来吃饭，他说，"我今天买了三本英文书，很有意思。 你到我家来看，好吗? 我还想请你吃晚饭，你有工夫吗? " 文英想了一想说，"我今天还得去看一个朋友，明天我来好吗? " 文山说，"好吧，明天见吧。"

3. 外头有一个人叫中海，中海出来了，他看见文山跟一个朋友，文山给他们介绍。 文山的朋友姓马，他的家也在上海，现在来北京玩儿。 他住在王家，中海说，"你在上海上学吗? " 马先生说，"是，上中山大学。" 中海说，"你也在中山大学吗? 我也在中山大学，我在那儿教英文。 很好，我请你们去喝茶吧。"

4. 我家离王太太家很近，我跟王太太是很好的朋友。 我们有功夫一块儿喝茶，买东西，还到城外头去玩儿。 她也请我到她家吃饭。 王家住在城外的山上，他们有很多青菜，很好吃。

5. 从北京大学到四季青不很远。 中海吃了中饭跟朋友们走到四季青去，那天的天很青，他们走了久， 说了很多话。 到了四季青，看见很多人都在看他们的青菜，又大又好，中海跟朋友们买了很多。

Translate the above paragraphs into English

LESSON XIX AT THE PEKING UNIVERSITY

New syllables:

biar	cao	dai	guai	kai	lao	qiao	ran
bo	chuan				lou		rang

Vocabulary:

lĭang bīar	both sides
bīar	side;edge
jìn	to enter
chúandá shĭ	reception room
chúandá	to transmit; to send a message
shĭ	room
Zhào	a Chinese surname (family name)
Yóuméi	a Chinese given name(first name)
túshugŭan	library
túshū	pictures and books
gŭan	establishment; building
gúanzhăng	director of an establishment
zhăng	chief
ràng	let; yield
zĕnmo zŏu ?	How do you go?
qíao	bridge
yìzhí	straight ahead
wàng	towards
bĕi	north
nán	south
bàngōng	to do office work; to do business
lóu	tall building
yòu	right side
zŭo	left side
gŭai	to turn
jìnggùo	to pass by
yípìan cǎodì	a stretch of lawn
cǎodì	lawn
hòubīar (hòutóu)	at the back
míngbái	to understand; clearly
háozŏu	'take care!' (lit. walk well)
líkāi	to leave

- 19 -

tōngzhī	to notify
tōngzhi yìshēng	Let us know.
jìe	to borrow
túshu guǎnyúan	librarian
lóushàng	upstairs
lóuxìa	downstairs
shàng lóu	to ascend the stairs
xìa lóu	to descend the stairs
lǎo Zhào	old Zhào, old chap (a familiar way to address an old male friend)
zěnmo yàng?	How are you doing?
aīya!	(an exclamation, expression of surprise)
nándé	rarely
bùcháng	not often
dàjīa	everybody
Lìshǐ bówuyùan	Museum of History
lìshǐ	history
bówuyùan	museum
tǐyugǔan	stadium, gym
tǐyù	phyical education
Gùgōng	The Imperial Palace
gù	former
gōng	palace
Chángchéng	The Great Wall (lit. the long wall)
Shísanlíng	The Thirteen Tombs (of Míng dynasty)
Dìxiagōng	The Underground Palace
dìxìa	underground
wèi shénmo	why (lit. for what?)
kāi xúe	school opens
kāi	to open
dài	to bring
gechù (dàochù)	everywhere
ránhòu	afterwards; then
xìawǔ	afternoon
shàngwǔ	forenoon
nǐ zěnmo zhīdao	How did you know?
fùjìn	vicinity
yǒu míng	well-known
zùo	to do, to make

Měiyīng	a Chinese given name meaning 'beautiful and elegant'
měi	beautiful
Měiguó	United States of America (lit. the beautiful country)
Yīngguó	Great Britain
lù	road
huǒchē	train (lit. the fire vehicle)

CONVERSATION:

Zhāng Zhōnghǎi xiàle gōnggong qìchē yǐhòu, jiù zǒudào yíge hóngde dàmén qiántou. dàménde liǎngbīar yǒu liǎnge shítou shīzi. Zhōnghǎi zǒu jìnle mén yǐhòu, jiù dào chuándá shì qù dēngjì.

fúwuyúan: xiānsheng,nín zhǎo shéi?	Sir,whom do you wish to see?
Zhāng: wǒ xiǎng kàn yíwei Zhào Yóuměi xiānsheng.	I would like to see(a)Mr. Zhào Youmei.
fwy: shi túshuguǎn guǎnzhǎng Zhào xiānsheng ma?	Is he Mr. Zhào,the head librarian?
Zhāng: shì.	Yes.
fwy: ràng wǒ kànkan tā zài jiā háishi zài túshuguǎn. qǐng wèn nín guìxìng?	Let me see whether he is home or at the library. What is your name, please?
Zhāng: Zhāng Zhōnghǎi.cóng Shànghai láide.	Zhāng Zhōnghǎi. From Shànghai.
fwy: (dǎ diànhua) wài,shi túshuguǎn ma? qǐng wèn Zhào xiānsheng zài ma? zhèr yǒu Zhāng Zhōnghǎi xiānsheng zhǎo tā...a,Zhào xiānsheng,zhèr yǒu yíwei cóng Shànghai láide Zhāng Zhōnghǎi xiānsheng yào jiàn nín. qǐng tā dào túshuguǎn láima? hǎo,wǒ gàosu tā.	(telephoning) Hello,is it the library? Is Mr. Zhào there? Mr.Zhāng Zhōnghǎi is here to see him...Ah, Mr. Zhào, a gentleman from Shànghai,Zhāng Zhōnghǎi,wants to see you. Ask him to come to the library? Fine,I'll tell him.
Zhāng: tā zài túshuguǎn ma?	Is he at the library?
fwy: zài. tā qǐng nín qù túshuguǎn. nín zhīdao zěnmo zǒu ma?	Yes. He asks you to go to the library. Do you know how to get there?
Zhāng: bù zhīdào.	No. I don't.
fwy: nín qǐng gēn wǒ lái. nín xiān guò zhèige shítou qiáo. guòle shítou qiáo yǐhòu, jiù yìzhíde wàng běi zǒu. zǒudào nèige bàngōng lóu qiántou, jiù wàng yòu guǎi. jīngguo	Please come with me. First, you cross this stone-bridge. After you cross the bridge,you go straight toward the north. When you reach the front of the Adminstration Building,

yīpian cǎodì jiùshi kēxuéyuàn.
túshuguǎn jiù zài kēxuéyuàde
hòubiar. nín tīng míngbáile ma?

you turn right. After you pass a
stretch of lawn, there is the science
building.   The Library is at the
back of the Science Building. Do
you understand me clearly?

Zhāng: tīng míngbáile. xièxie.
fwy: nín hǎo zǒu. nín líkai dàxuéde
  shíhou, qǐng tōngzhi wǒmen yīshēng.
Zhāng: hǎo, yídìng.

Yes. Quite clearly. Thank you.
Take care!   (lit. Walk well.)When
you leave, please let us know.
Fine. Certainly.

ZÀI TÚSHUGUǍN LǏTOU

Zhāng Zhōnghǎi láidào túshuguǎn kànjian hěnduo xuésheng zài nèr kàn shū.
yě yǒu hěn duō zài jiè shū. tā jiù wèn guǎnyuán Zhào Yǒuméi zài nǎr.

guǎnyuán: Zhào xiānsheng zài lóushàng.
  qǐng nín shàng lóu ba.
Zhāng: xièxie nín.
(meeting Zhào)

Mr. Zhào is upstairs. Please go
upstairs.
Thank you.

Zhāng: lǎo Zhào, zěnmo yàng? hǎojiǔbu-
  jiànle. tàitai, háizi dōu hǎo ba.

Old Zhao, how are things? I haven't
seen you for a long time. How is
the family?

Zhào: aīya! Zhōnghǎi, nánde jiàn.
  shénmo shíhou lái Běijīng de?
Zhāng: láile yíge duō lǐbàile.
Zhào: zhēnhao, zhēnhao. zhùzai nǎr?
Zhāng: zhùzai Běijīng Fàndiàn. lí
  Jiāshēng bù yuǎn. cháng kànjian
  tāmen.

aiya! Zhōnghǎi, what a surprise!
When did you come to Peking?
I've been here more than a week.
Very good. Where are you staying?
At the Peking Hotel, not far from
Jiāshēng.   I see them often.

Zhào: ou, lǎo Wáng hǎoba? wǒmen bù
  cháng jiàn. dàjiā dōu máng, yòu líde
  yuǎn. nǐ dōu cānguānle xiē shénmo
  dìfang?
Zhāng: wǒ qù guo Tiānanmén guǎngchǎng,
Rénmíndàhuìtáng, Lìshibówùguǎn,
  tǐyùguǎn, Gùgōng. zhèige lǐbàiliù
  qù Chángchéng. xià lǐbai xiǎng qù
  shísānlíng dìxiàgōng.

Oh, how is old Wáng? We don't often
see each other. Everybody is busy
and lives far from each other.
Where have you been so far?
I have been to The Plaza of the
Gate of the Heavenly Peace, the
Great Hall of the People, the Museum
of History, the stadium, the Imperial
Palace. This Saturday, I will go to
the Great Wall. Next week, I plan
to visit the Underground Museum of
the Thirteen Tombs.

Zhào: nǐ něitian huí Shànghai?	When do you go back to Shànghǎi?
Zhāng: xià lǐbailìu.	Next Saturday.
Zhào: wèi shénmo bù dūo zhù jǐtian?	Why not stay a little longer?
Zhāng: lǐangge lǐbài yě wárde chàbu-dūole. xúexìao yào kāixúe le.	Two weeks' visit is about enough. School is about to-open.
Zhào: hǎo, xìanzai shì shí-yi dǐanzhōng. wǒ dài nǐ gèchù zóuzou. ránhòu qù wǒ jīa chī zhōngfàn. xìawǔ, wǒ dài nǐ qù cānguān yíge rénmín gōngshè.	Fine. Now, it is a little after eleven. I'll show you around a little, then we will go to my house for lunch. In the afternoon, I'll take you to visit a people's commune.
Zhāng: shì búshi Sìjiqīng?	Is it the Evergreen?
Zhào: dùile. nǐ zěnmo zhīdao?	Yes. How did you know?
Zhāng: gōnggong qìche shàngde màipìaoyúan gàosu wǒde.	The ticket-seller on the bus told me.
Zhào: shì. zhèige gōngshe jìu zài zhèr fùjìn, hén yǒumíng. wǒmen xìawu qù kàn. xìanzai qíng nǐ déng wǒ jǐ fēnzhōng. wó bǎ zhèi dǐar shì zùo wánle, jìu zǒu.	Yes. This commune is in this neighborhood. It's very famous. We will go there this afternoon. Now, please wait for me a few minutes till I finish this job, then we will go.
Zhāng: hǎo, nǐ máng ba. wǒ zài zhèr kànkan shū.	Fine. You go ahead. I'll do some reading.

PATTERN DRILL:

wàng běi zǒu (walk toward the north, lit. toward north walk)

        wàng dōng gǔai (turn towards east)
        wàng shàng kàn (look upwards)
        wàng túshugǔan qù (go towards the library)
        wàng dàmén zǒu (walk towards the main entrance)

tīng míngbaile ('I' heard it clearly.'I' understood.)

        wǒ tīng míngbaile tā shūode hùa. (I heard clearly what he said.)
        Aìhúa kàn míngbaile nèiben shū. (Aìhúa read and understood
                   that book well.)
        wǒ xǐang míngbaile nèige shì. (I thought out that matter
                   clearly.)

lóushàng (upstairs)
lóuxìa (downstairs)

        wǒ zài lóushàng, tā zài lóuxìa. (I am upstairs; he is downstairs.)
        wáng tàitai bú zài lóushàng. (Mrs. wáng is not upstairs.)

zùo wán zhèi xīe shì (to finish doing these things) In Chinese, the
        word 'wán'(finish) is an adverb and is placed after the verb.

        qíng nǐ chī wán zhèi wǎn fàn. (Please finish eating this bowl of
                                            rice.)
        wǒ xīan zùo wán gōngke zài qù kàn dìanyǐng. (First I finish doing
                        the homework, then I go to see the movie.)
        nǐ hē wán chá le ma? (Have you finished drinking the tea yet?)
        Aìhúa zhāohu wánle kèren jìu qù gēn Wénshān tánhùa.
        (Aìhúa finished greeting the guests, then she went to talk to Wénshān

EXERCISES:
I. Translate the conversation line by line without referring to the
   English translation.
II. Without referring to the Pīnyīn, repeat the conversation in Chinese
   with the help of the English translation.
III. Two students to recite the entire conversation in front of the class.
IV. Read the following sentences and translate into English:
   1. wǒ jīade lǐangbiar yǒu lǐangge lóu. yòubīarde yíge hěn gāo, zuǒbīarde
      yíge bùhěn gāo. wǒde péngyou Gāo Měiyīng xǐaojie jìu zhù zài yòu
      bīarde nèige lóuli. wǒmen cháng zài tājīa yíkùar zùo gōngkè, zài
      yíkùar wár.
   2. fúwùyúan cóng chúandashì chūlai gàosu Zhōnghái zěnmo dào túshugǔan
      qù.
   3. wǒ cháng dào túshugǔan qù kàn shū. yǒushihòu wǒ yě jìe shū. túshu-
      gǔan yǒu hěn dūo rén.
   4. cóng nǐjīa dào túshugǔan yǔanbuyǔan? yǒu dūoshao lǐ lù? nǐ dào nèr
      qù zěnmo zǒu? zǒulù háishi zùochē?
   5. Nǐuyūe (New York) shì yíge hěn dàde chéng. nèr yǒu hěn dūo dà qǐao.
      qǐao shàng kéyi zǒu gōnggong qìche yé kéyi zǒu hǔochē.
   6. dào wǒde péngyou Měiyīngde jīa qù, děi yìzhíde zǒu èr lǐ lù ránhòu
      wàng béi gǔai zài zǒu chàbudūo yì lǐ lù jìu dàole.
   7. Wénshānde jīa zài běi bīar. Aìhúade jīa zài nán bīar. túshugǔan
      zài Wénshān jīade dōng bīar. túshugǔan zài Aìhúa jīade něi bīar?
      nǐ zhīdao ma?
   8. fùqin měitian dào chénglì qù bàngōng. zǎoshang zùo hǔoche qù;
      wǎnshang yě zùo hǔoche húilai.

9. wǒ zài lóushang zuò gōngke, dìdi (younger brother) zài lóuxia wár. dìdi jiao māma xiàlóu. māma zhèngzai máng, jiao wǒ xiàlou qù kànkan dìdi yào shénmo. wǒ yě bùxiǎng qù kěshi wǒ xiàlou qùle. dìdi bú yào shénmo, tā jiù yào hē shuǐ (water) hái yào wǒ péi tā wár. wǒ shuō, wǒ kéyi gěi ní shuǐ, kěshi wǒ bùneng péi nǐ wár. wó děi zuò gōngkè."

10. jīntīande zhōngwen kè yóu hěn dūo dìfang wǒ bù míngbai. xiàle kè yǐhòu, wǒ yào wèn xīansheng. wènle xīansheng yǐhòu, wǒ jiù dōu míngbai le.

11. wǒmen xúexiao xiàlǐbai yǒu yíge wǎnhùi. xiànzai wǒmen zhèngzai yùbei tōngzhī tóngxúemen. xīwàng hěn dūo rén dōu néng lái.

12. Wáng tàitai dùi Àihúa shūo, "xiàlǐbai liù wǒ xiǎng qíng nǐ gēn jǐge níanqing péngyou chīfàn. xīwàng nǐ yídìng lái." Àihúa shūo, "nínde cài zùode zènmo hǎo, wǒ yídìng lái, yídìng lái."

13. zhèiben shū xiànzai nándé mǎi. nèige shūdiànli háiyou jíben. nǐ xiànzai jiù qù mǎi ba.

14. zúotian wǒmen zài Běijing fàndìan chīfàn, chīle hěn dūo cài. yǒu jī, yǒu yú (fish), yǒu tāng háiyou hěn dūo qīngcài gēn shúigǔo. wǒmen dōu chīle hěn dūo, chīde tòngkùai jíle.

15. Běijīngde Chángchéng, Gùgōng, Shísanlíng dōushi yóukè cháng qù cānguānde yǒumíngde dìfang.

16. wǒ chī wánle fàn, jiù gēn nǐ qù kàn dìanyǐng. qíng nǐ děng wǒ. wǒ bā dǐanzhong lái nǐ jīa.

17. Qían Àihúa jīntian hěn zǎo jiù húi jīale. tā shūo, tā wǎnshang děi qù Wáng jīa chīfàn. ránhou qù yíge wǎnhùi.

18. Wénshān shūo, "xúexiao fàntángde fàn hěn gùi. yǐhòu wǒ dài fàn lái chī bú qù fàntáng chīfàn le."

19. zúotian wǎnshang wǒ méiyou shíhou yùbei gōngkè. jīntian xīansheng wèn wǒ, wǒ dōu bù zhīdào.

20. Shànghǎi chéngde fùjìn yě yǒu hěn dūo zhídekànde yǒumíngde dìfang.

21. Zhōnghǎi shūo, Běijīng yǒumíngde dìfang tā dōu kànguole. xúexiao yě yào kāixúele. tā děi húi jīa le.

22. zúotian shàngwu nǐ dào chéngli qù kàn péngyoule ma? jí dǐanzhong húiláide?

23. wǒde shì yǐjing zuò wánle. wǒmen xiànzai zǒu ba.

24. Sìjiqīng rénmin gōngshe jiù zài Běijīng dàxue fùjìn.

25. Yǒuméi cóng túshugǔan zǒu húi jīa. tā jīa lí túshugǔan hěn jìn.

V. Say the following sentences in Chinese:
1. Mr. Zhāng got off the bus in front of the Peking university.
2. There are two stone lions on both sides of the main gate.
3. The clerk said to Mr. Zhāng, "whom do you wish to see?"
4. Let me see whether he is at home.
5. My father takes the train everyday to work in New York city.
6. Please ask him to come to the library. I shall wait for him here.
7. Do you know how to go from here to the university?
8. First you cross this bridge, then walk straight toward the north to the front of the administration building.
9. There are buildings on both sides of the college green. On the right of the green is the Science Building. On the left is the Library Building.
10. There are many students in the library reading and borrowing books.
11. Did you understand clearly what the clerk told you?
12. Mr. Zhāng has already visited many places worth seeing in Beijīng.
13. We rarely see each other. How have you been?
14. Before you leave the college, please let us know.
15. I hope you can(definitely)come to this Saturday's party.
16. A gentleman from Shànghǎi wants to see you.
17. When does your school open? Ours opens next Monday.
18. Mr. Zhào is upstairs. Please go upstairs to see him.
19. Do we have physical education class this afternoon?
20. Is Peking Hotel far from here? Do you eat there often?
21. Have you been to the Underground Museum of the Thirteen Tombs?
22. Mr. Zhào Yǒuméi is the head librarian of the Peking University.
23. Do you know who is the president of our university?
24. Mr. Zhāng, let me help you with your luggage.
25. The Science Building is on the east side of the college green.
26. Everyday I work four hours at the library.
27. Which building is the Administration Building? Do you work there?
28. After Mr. Zhào finished his work in the library, he then took Mr. Zhāng home for lunch.
29. The clerk at the reception room telephoned Mr. Zhào to tell him that Mr. Zhāng wanted to see him.
30. After they ate lunch at Yǒuméi's house, they took the bus to visit the Evergreen commune.

NEW CHARACTERS:

爱	(aì) to love		图	(tú) picture	
华	(húa) China; splender		回	(húi) to return	
路	(lù) road		开学	(kāi xúe) to open school	
谢	(xìe) to thank		开车	(kāi chē) to drive a car	
馆	(gǔan) establishment		功课	(gōng kè) homework	
店	(dìan) store, shop		常	(cháng) often	
校	(xìao) school		可是	(kě shì) but	

CHARACTER COMBINATIONS:

爱华 马路 谢谢 饭馆 图书馆 回家 回来 回去

READING SELECTION:

1. 城里的图书馆离爱华家很远，爱华不常去。　因为从她家到图书馆没有公共汽车，她得走去，要走很久。　她说，"走路到图书馆，很累，到了，我也不想看书了。　离我家不远有一个书店，那里有很多书，我常去那儿看书，也买书。　那里的图书很多，很多人在那儿看书，很少人买书。　文山，文英也常去那儿看书，大家一块儿说话，很好玩。

2. 中海来到北京很久了，住在北京饭店，天天在那儿吃饭，天天出去，城里，城外都看了，还看了很多朋友。　他很累，他想，"我来了很多天了，吃了，玩儿了，也累了，大学也要开学了，太太也想我了，我得回家了。"

3. 文山在大学里不常看见爱华。　他想请爱华吃饭，可是她说她太忙没有工夫。　一天文山在图书馆里看书，爱华也来了，文山说，"你很久没有到我家来了，我的父母亲都问你好，还叫我请你吃饭，今天你跟我回家好吗？"　爱华说，"好吧。"　那一天文山跟爱华一块儿到王家去了。　王太太看见爱华说，"爱华，好久不见你了，是不是功课太忙了？　今天你来了，我有好菜，你在这儿吃饭吧。"　爱华说，"谢谢，我很爱吃您的菜，您教我，好吗？"　王太太说，"好，你有功夫来跟我学吧。"

4. 季文英是个很好的学生，功课第一，人也好，有很多朋友。　她的家不在北京，在山西，她的父母亲也都住在山西，她一个人住在北京大学。　她天天到图书馆看书，也常跟朋友们出去玩。　朋友们常请她去晚会，可是她不常去因为她有功课。　朋友们说，"功课，功课，我们都有功课，今天去玩儿，明天想你的功课不好吗？"　文英说"明天，明天，天天有明天，天天有功课，你们去吧，明天见。"朋友们都走了，他们说，"文英是个好学生，可是她这个人太没有意思。"

Gùgōng(The Imperial Palace)

Chángchéng(The Great Wall)

Lìshǐ Bówùgǔan(Museum of History)

Běijīng Tǐyùgǔan(Peking Stadium)

NOUNS AND NOUN COMBINATIONS:

mǔqin	xúewèn	yìsi	tóngxúe	zuótian	wǎnshàng
shì	piánzi	dōngxi	piào	dàxúe	dìfāng
gōngshè	sìjì	shúiguǒ	qīngcài	xīhongshì	píngguǒ
shítou	shīzi	dàmén	lǐ	zhōngtóu	kǎoshì
bàogào	màipiaoyúan	fēnzhōng	bīar	tǐyù	kēxúe
túshū	túshuguǎn	guǎn	chúandashǐ	gúanzhǎng	qíao
běi	nán	cǎodì	bàngonglóu	hòubīar	yóukè
gúanyúan	lóushàng	lóuxìa	lìshǐ	lù	fùjìn

PROPER NOUNS:

Běijīng-dàxúe	Qīnghúa-dàxúe	Rénmín-dàxúe	Kēxueyùan
Sìjiqīng	Lìshi-bówuyùan	Gùgōng	Shísanlíng-dìxiagōng
Chángchéng	Měiguó	Yīngguó	Zhào Yǒuméi
Gāo Měiyīng			

VERBS:

zhù	lí	zhòng	gàosu	xìa	shàng	tōngzhī	bàngōng
kāixúe	zùo	ràng	líkāi	gǔai	jīngguo	míngbái	jìe
dài	húi	rènshi	shūo	shūohùa	jīaoshū	tīngshūo	láiguo
xǐe	jīao	jīaogěi	kǒngpà	yóulì	jìnqù	jìnlái	chúandá

AUXILIARY VERB:
hùi

ADJECTIVES:

wǎn	yúan	jìn	qīng	gāo	hǎokàn	hǎowár	yǒu yìsi
měi	tòngkùai	yònggōng	yóumíng	gāoxìng			

MEASURES:
piàn   fēnzhōng   tíao

EVERYDAY PHRASES:
ní zěnmo shūo-a?   zěnmo zǒu? (or zěnmo lái, zěnmo qù?)
ní zěnmo zhīdao?   zěnmo yàng?   wèi shénmo?   nán dé jìan.

ORDINAL NUMBERS: (Add 'dì' as prefix to any cardinal number)
dìyī, dìèr, dìsān, dìsì......dìshí, dìshíyī.......dìèrshí etc.

Say the following items in Chinese using the proper measures:
the third child   the fourth person   the seventh dictionary
the second dollar   the fifth pencil   the sixth cup of tea
the first dumpling   the third bowl of chicken noodle soup
the eighth gentleman

SUFFIX 'LE" AND ITS DIFFERENT FUNCTIONS:

A. To indicate a completed action: Zhāng Zhōnghǎi láile.

  tāmen dōu zǒule.

  1. He went to visit the Great Hall of the People.
  2. Wénshān went to the movies.
  3. Zhāng Zhōnghǎi arrived from Shànghai.
  4. Wénshān accompanied Mr. Zhāng to Peking University to visit friends.

B. Attached to an adjective to indicate a changed condition:

  tā xiànzai hǎole (He is fine now- it means:he is not sick
    anymore.)

  fàn hǎole. chīfàn ba.(Dinner is ready. Let's eat.)

  1. Mrs. Wáng's children are all very tall now.
  2. It is getting late now. (lit. day is getting late). I must go.
  3. Previously he was not studious. Now he is.
  4. Wénshān no longer has a car.

C. To indicate a negative decision:

  wǒ bù chī le (I won't eat anymore.)

  tā jīntian bù lái le.(He is not coming anymore today.)

  1. I am not going shopping anymore today.
  2. I already drank three cups of tea. I cannot drink anymore.
  3. Aìhúa does not want to talk anymore.
  4. I still have money. I don't want anymore.

D. Attached to a verb in a subordinate clause to indicate that as
  soon as the first action is completed,the second action will take place:

  tā chīle fàn, jiù zǒu. (As soon as he finishes eating,he will
    leave.)

  1. Mr. Wáng said:"as soon as he comes,he'll talk with you."
  2. As soon as Zhōnghǎi registers at the desk, he goes to rest.
  3. As soon as Mrs. Wáng prepares the dinner,they all sit down to eat.
  4. As soon as Aìhúa gets up,she goes out.

SHÀNGTOU,XÌATOU,QÍANTOU,HÒUTOU,LǏTOU,WÀITOU

  Translate the following sentences into English:
  1. Nèiben hóng zìdiǎn shàngtoude bǐ shi shéide?
  2. wǒde dìtú zài nǎr? shìbushi zài nǐde shū shàngtou?
  3. shū xiàtou yǒumeiyou dōngxi?
  4. wǒ bù zhīdao běnzi xiàtoude diànyǐng piào shi Wénshānde.
  5. nǐ qíantoude nèige rén xìng shénmo?

- 30 -

6. Àihúa bú zuò zài Wénshānde qiántou.

7. nǐ hòutoude nèiwei tàitai shi Wáng tàitai ma?

8. shítou shīzi bú zài dàménde hòutou.

9. nǐ zài xuéxiao lǐtou kànjian Àihúale ma?

10. jiālǐtou méiyou rén. qǐng nín míngtian zài lái ba.

11. háizimén dōu zài wàitou wár. tāmen wárde hěn gāoxìng.

12. chéng wàitou yǒu shénmo zhídekànde dìfang? qǐng nǐ gàosu wǒ, hǎoma?

YǏQIÁN, YǏHÒU, ...DE SHÍHOU

A. yǐqián - as 'previously'(placed at the beginning of a sentence)

　　　　　　　yǐqián tā bùchī Měiguo fàn. xiànzai chīle.

　　　　　(Previously he did not eat American food. Now he does.)

　　1. Previously he was a student at Peking University but not anymore.

　　2. Previously he lived in the city not far from the college.

B. yǐqián - as 'before', to be used in a subordinate clause:

　　　　　　　chīfàn yǐqián, tā kàn shū.

　　　　　(Before he eats dinner, he reads.)

　　1. Please call me before you come.

　　2. Before Zhōnghǎi leaves for the Plaza of the Gate of the Heavenly
　　　Peace, he eats breakfast.

C. yǐhòu - as 'later' or 'from now on'(placed at the beginning of a sentence)

　　　　　　　wó yǐhòu bú zài dào nèige fàndiàn qù chīfàn le.

　　　　　(From now on, I won't go to that restaurant to eat.)

　　1. From now on, I won't go to the movies anymore because the films
　　　are not good.

　　2. Àihúa is very studious. She would like to teach later. (be a teacher)

D. yǐhòu -as 'after', to be used in a subordinate clause:

　　　　　　　tā gēn Wáng tàitai tánhùa yǐhòu, jìu zǒule.

　　　　　(After he talked with Mrs. Wáng, he left.)

　　1. After you prepare dinner, would you please help me find my book?

　　2. After Wénshān arrived at the party, he went to meet young friends.

　　3. After Zhōnghǎi entered the gate of Peking University, he went to
　　　the reception room to register.

E. de shíhou (when, while, during)

　　　　　　　wǒ chīfànde shíhou, bú kàn shū.

　　　　　(When I eat, I don't read.)

　　1. When he reads, he does not talk.

　　2. When you prepare for a test, you must be studious.

　　3. During springtime, Mrs. Wáng plants vegetables.

CONCERNING TIME:

A. By the clock   yì dǐanzhōng (one o'clock)

                            líang dǐanzhōng (two o'clock)

                            sān dǐanzhōng (three o'clock)   etc.

                            yì dǐan yí kè (one quarter after one)

                            yì dǐan bàn   (half past one)

    What time is it?

    2:15   3:45   3:30   4:55   4:05   5:25   6:35

B. Amount of time: yí gè zhōngtóu (one hour)

                       líang gè zhōngtóu (two hours)

                       sì shí fēnzhōng (forty minutes)

                       sān gè zhōngtóu líng èr shí fēnzhōng

                       (three hours and twenty minutes)

    Say the following amounts of time:

    two hours   four hours   five and a half hours   ten hours

    ten minutes   two minutes   three or four minutes   eight minutes

    twenty minutes

HǍOKÀN, HǍOWÁR, HǍOCHĪ, HǍOHĒ, HǍOSHŪO, HǍOTĪNG, HǍOZǑU ETC. (the combination
of the adjective 'hǎo' and a verb serves as a compound adjective.)

                        Wáng tàitai zùode cài zhēn hǎochī.

                 (Dishes made by Mrs. Wáng are really delicious.)

                 É gúo hùa bù hǎoshūo.

                 (Russian language is difficult.)

1. nèige dìfang hǎowár ma? ní yǐqían qùguo ma?

2. jīntian wǒ kànjìanle yíwei xíaojie. tā zhēn hǎokàn. wó xǐang zhīdao
tā shi shéi.

3. nèige cài zhēn hǎochī. wó yǐjing chīle hěn dūo hái xiang chī.

4. hěn dūo wàiguo rén shūo, zhōngguo hùa bù hǎoshūo. wǒ xǐang tāmen
shūode bú dùi.

5. zhōngguo chá hěn hǎohē. wàiguo chá dōu méiyou zhōngguo chá hǎohē.

6. zhèi tíao lù bú tài hǎozǒu. wǒmen zǒu nèi tíao ba. ('tíao' - measure

                                   for 'lù')

7. nèige wàiguo rén shūode zhōngguo hùa hén hǎotīng.

8. nèiben shū bù hǎomǎi. wǒ qùle hěn dūo shūdìan dōu méiyou mǎi dào.

Read the following paragraphs and translate into English:

    zóutian zǎoshang, fúwuyúan jìao Zhōnghǎi qǐlaide shíhou, tā bù qǐlai.
bā dǐanzhōngde shíhou Zhōnghǎi qǐlaile. tā xiang zùo gōnggong qìche dào

Sìjiqǐng gōngshè qù cānguān kěshi qìchē yǐjing zǒule. tā jiù wèn
fúwuyuán hái yǒumeiyou qìchē qù Sìjiqǐng. fúwuyuán shūo, shídian
sìshiwǔ fēnzhong háiyou yíge qìchē qù nèige gōngshè. nèige shíhou
shi zǎoshang bādian yíkè. Zhōnghǎi děi děng liǎnggebàn zhōngtóu.
tā jiù qù fàntáng chī zǎofàn. yīnwei tā xiǎng qǐng Wénshān yíkùar
qù gōngshè cānguān, tā jiù zài chī zǎofàn yǐqían dǎ diànhua gěi Wénshān.
Wénshān shūo, "hǎoba. wǒ jīntian zǎoshang zhèng méiyou shì. wó kéyi
péi nǐ qù."

2. nàtian Yǒumei zuòwánle shì jiù gēn Zhōnghǎi líkáile túshuguǎn wàng
Zhào jīa zǒu qù. zài lùshang, tāmen kànjianle hěnduō xuésheng. yǒude
xuésheng rènshi Zhào xiānsheng jiù zǒu guòlai gēn tāmen shuōhua. tāmen
dōu hěn máng kěshi yě dōu hěn gāoxìng. Yǒumei dài Zhōnghǎi dào Kēxue-
yuàn qù cānguān. ránhòu yòu dài tā qù Bàngonglóu qù kàn jǐge lǎo péng-
yǒu. zài nèr tāmen gēn péngyoumén tánle jǐ fēnzhong huà jiù dào Zhào
jīa qùle. tāmen dàole Zhào jīade shíhou, Zhào tàitai zhèng zài mén wàitou
gēn liǎngge xuésheng shūohua. tā kànjian Zhōnghǎi jiù hěn kuàide zǒu
guòlai zhāohu tā yīnwei tāmen yǐjing yǒu sān nían méiyou jianle.

3. rén rén dōu xiǎng yǒu xuéwèn. yīnwei tāmen xiǎng yǒu xuéwèn jiù
dào dàxue lái shàngxue. zài dàxue lǐtou tāmen xué hěnduo dōngxi. yǒude
rén xué zhongwén, yǒude rén xué yīngwén, yé yǒude rén xué kēxue gēn túshu-
guǎnxue. kěshi zài xuéxiaoli yě cháng jǔxíng wánhùi. nìanqīngde rén yí-
kùar chī, hē, tānhua, wár gēn kàn diànyǐng. yǒushíhou wárde tài tòngkùaile
tāmen jiù bù xiǎng yònggōngle yě bú yào xuéwènle.

SAY THE FOLLOWING TELEPHONE CONVERSATION IN CHINESE:

Mrs. Wáng: Hello, is that Mrs. Zhào?   I haven't seen you for a
        long time. How are you and the family?

Mrs. Zhào: Oh, thank you. They are all fine. How are Mr. Wáng and Wénshān?

Mrs. Wáng: They are fine also. Thank you. Do you know that Zhōnghǎi has
        arrived from Shànghai. He is going back this Saturday. We would like
        to invite him and a few of his schoolmates from his college days to
        dinner at our house. Can you and Mr. Zhào come?

Mrs. Zhào: Excellent. Thank you for inviting us. Which day?

Mrs. Wáng: Friday evening.

Mrs. Zhào: I am free. (I have leisure time.) But I don't know whether
        Yǒuméi is free. I'll ask him tonight. I'll call you tomorrow.
        I do hope we can come.   Thank you. I'll talk with you again.

Mrs. Wáng: Fine, 'till tomorrow then. Good-bye.

CHARACTER REVIEW:

LESSON XVII:　　第 晚 会 说 话 学 意 思 父 母 亲 教 因 为 跟 位 现

LESSON XVIII:　里 外 头 玩 儿 季 青 住 远 近 离 得 从 城 东 西

LESSON XIX:　　爱 华 路 谢 馆 店 校 回 图 开 功 课 常 可

CHARACTER COMBINATIONS:

爱华	饭店	图书馆	教中文	北京饭店	常来吃饭
晚会	四季	跟我去	在学校	中华书店	爱华很累
说话	教书	常回家	在上头	离城很近	他没有钱
意思	因为	开饭馆	来外头	功课不好	四块五毛
父亲	开学	住在哪儿	说话多	爱父母亲	没吃晚饭
母亲	常来	住城里	吃饭少	从我家去	不想回家
城里	请坐	离得远	没看见	得从这儿走	
饭馆	开车	从家来	没意思	教书很忙	
学校	很远	功课好	买东西	跟我回家	
走路	不近	父母亲		四季都好	
回家	得去	谢谢你		里头没人	
功课	里头	有意思		上头有书	
学问	外头	有学问		学校很远	
可是	上头	很好玩儿		学生不多	
要是	下头	从哪儿走		请你吃饭	
书店				玩儿得很好	

READING SELECTION:

1. 今天早上王先生没有出去，他在家看书。

2. 王太太出去买菜，她买了很多青菜，她给了卖菜的人五块钱。

3. 文山没有钱坐车去上学，今天他走路去了。

4. 人人都想有学问，可是不是人人都有学问。

5. 从我家到学校有二十五里要坐公共汽车去。

6. 这本书很没有意思，我不想看了。

7. 钱先生招呼文山坐下跟他说话。

8. 在钱家的晚会，爱华给文山介绍了很多朋友。

9. 今天我不去吃中饭，因为我没有钱。

10. 地图一块钱一张，你要买吗？

11. 王文山买了三本书，一本一块钱，一共三块钱。

12. 钱爱华的家在山上头，王文山的家在山下头。

13. 今天早上我有中文课，可是我没有去上，因为我没有起来。

14. 钱爱华很好看也很会说话，在学校里她有很多朋友。

15. 那天的晚会很有意思，文山跟他的父母亲都说了很多话，吃了很多饭，喝了很多茶，
    回家都很累。

16. 你明天有工夫跟我去四季青玩儿吗？

17. 王先生要卖他的车可是他说他不要卖给他的朋友。

18. 中海很有学问跟他说话很有意思。

19. 请问家里头有人吗？　　没有，都出去了。

20. 王太太请爱华，中海，家生吃饭，他们都来了，他们也都谢谢她。

21. 我们大家都在大学学中文。

22. 今天我不太好，我不要吃晚饭。

23. 四季青有很多青菜又大又好。

24. 今天的天很好，我们大家一块出去走一走吧。

25. 爱华很爱请朋友到她家里来，她家里常有晚会。

26. 张先生在上海大华大学教书，他有很多学生。

27. 我们学校一共有多少学生？

28. 明天有很多人都要坐公共汽车去四季青，你也去吗？

29. 文山的朋友很多，他们常在学校里玩儿，说话，也常在图书馆看书，他们都是好学
    生。

30. 文英住在学校里，她有很多功课，不常回家，也不常见父母亲，他们都很想她。

NARRATION:

1. 今天的天很好，爱华不想上学，她想出去买东西，还想去西山上玩儿。 她请文山跟她去。 文山说，"我有很多功课，明天跟你去好不好？" 爱华说，"今天的天好，还是今天去山上玩儿吧。 今天你跟我去山上跟买东西，明天我跟你去图书馆看书，我也有功课。" 文山说，"好吧，我们在学校的外头见。 可是我今天要早一点回家。" 爱华，文山一块去了山上，他们没有去买东西，文山也没有早一点回家。

2. 有一天，王太太不很好，可是她请了很多朋友来吃饭，她想叫文山给她去买菜。 文山说，"我有很多功课，你请父亲去买吧。" 王家生说，"你不好，请朋友们不要来了，我不很会买菜，买不好，你会骂我，我还要去看一个朋友。 我去买包子回来，我们请他们喝茶好不好？" 王太太看他们都不去买菜，她没有说话。 朋友们来到王家，王太太说，"你们常吃我的菜，今天不要吃我的菜吧，我们请你们到北京饭店去吃吧，那儿的菜很好。"

3. 季先生季太太在北京路上开了一个饭馆，他们的菜很好吃，天天有很多人到那儿吃饭。有一天，有一个人来吃饭，季先生招呼他坐下，他叫了一个菜，他问季先生"这个菜多少钱？ 饭多少钱？ 茶多少钱？" 季先生说，"这个菜三块四毛钱，饭不要钱，茶也不要钱。" 这个人说，"谢谢你。" 菜跟饭跟茶都来了，这个人吃了饭，喝了茶，要走。 季先生说，"先生，一共三块四毛钱，请您给我吧。" 那个人说，"我吃了饭，喝了茶，可是我没有吃这个菜，你不是说饭跟茶都不要钱吗？" 季先生说，"那是因为你叫了这个菜，茶跟饭就不要钱，要是你没有叫这个菜，茶跟饭要一块钱。" 那个人想了一想说，"今天我吃饭，喝茶，明天来吃这个菜，明天给你钱。" 季先生看季太太，季太太看季先生，他们都说不出话来。

4. 北京大学在城外离北京城不很远，有十三里路。 爱华住在大学里，不常回家，她的父母亲想叫她常回来，她说，"我也想你们可是我不要常回家，我没有工夫常坐公共汽车回家，因为我有很多功课也有很多朋友，我很忙，跟朋友一块儿也很有意思，要是你们是学生，你们也不想回家。"

LESSON XXI   AT THE EVERGREEN COMMUNE

New syllables:

bai	ci	du	gua	jue	huar	ku	lu	pi	qie
bie	chao				huai			pao	
	cuo								
		rou	se	te	yan	zhou			

Vocabulary:

tiānqì	weather
xiàoyúan	campus
hūar	flower (hūaryúan - flower garden)
kāi	to open(door);to bloom(flower);to drive(car)
gèzhŏng	all kinds of
yánsè	color
hú	lake
lĭushù	weeping willow
shù	tree
lǜ sè	green color
qí	to sit astride(on a horse or bicycle)
jĭaotachē	bicycle (lit. foot-pedaling-vehicle)
pǎoláipǎoqù	running back and forth
pǎo	to run
júede	to feel
zìjĭ	self
zhĭ	only
súoyĭ	therefore
tèbíe	especially;unusual
yícì	once,one time
shèyúan	member of a commune,member of an organization
cái	thus
wēnfáng	greenhouse
wēn	warm
gūa	melon;squash
sīgua	green squash
húanggua	cucumber
kŭgua	bitter melon
xīgua	watermelon

- 37 -

shúiguǒ	fruit
guàzhe	hanging
nàxie (or nèixie)	those
xìang	to resemble
gèng	even more
chǎo	to fry ;to saute
ròu	meat
báicài	cabbage
kē	(measure for cabbage and tree)
guòlái	to come over
dòuzi	bean
qíezi	eggplant
shénmode	et cetera
dàihuiqù	to bring back
língmài	retail
dàpī	in large quantity
gòngyīng	to supply
sì jīao	suburb (lit. the four suburbs)
wēndù	temperature
dù	degree of temperature
lǎo shi	always, usually
lǎo	old
zhèyàng	this way, in this manner
zhǎng	to grow
bú hùi hùai	(It) will not become rotten or bad
hùai	bad
bǐ	to compare
shūfu	comfortable
yìdǐar ye búcùo	exactly, not a bit wrong (Chinese idiom)
búcùo	quite right, not wrong, pretty good
cùo	wrong

CONVERSATION:

Zhōnghǎi zài Zhào jīa chīle zhōngfan yǐhòu,Yǒuméi gen tā jìu líkai
Zhào jīa wàng xìaomen zǒu qù. nà tīan tīanqi hén hǎo;yòu shi chūntian.
xìaoyúanlide hūar dōu kāile;gèzhǒng yánse dōuyǒu;zhēn hǎokan jíle. xúexiao
yǒu yíge hú. húde sìbiar dōu zhòngle liǔshù;yípian lǜse.xúeshēngmen yǒude
zài húbīar tánhùa;yǒude qízhe jǐaotachē pǎoláipǎoqù. Zhōnghǎi kànle,júede
hén gāoxìng hǎoxìang zìji yě níanqīngle yíyàng. tāmen zǒuchu xìaomen jìu

- 38 -

zuò gōnggong qìche. zhǐ zuòle liǎng zhàn jiùdàole Sìjiqīng rénmingōngshèle.
tāmen xiān dào chuándáshǐ qu dēngjì.

shèyuán: qǐngwèn liǎngwei zhǎo shéi?

Zhào: wǒmen bùzhǎo shéi. wǒmen
    xiǎng cānguan nǐmende gōngshè.
    kéyima? zhèiwei shi cóng Shànghai
    láide Zhāng xiānsheng. Yīnwei nǐ
    men zhèr hén yǒuming súoyi wǒ tè
    bíe dài tā lái cānguan yíci.

shèyuán: hǎo, qǐng nín liǎngwei zài
    zhèr déng jǐfēnzhong. wǒ qù zhǎo
    yíwei shèyuán lái zhāohu nínmen
    yīnwei wǒ bùneng líkai zhèr.

(yíge rén zǒuchūlaile)

Zhōu: huānying, huānying. liǎngwei
    guìxìng? wǒ xìng Zhōu.

Zhào: wǒ xìng Zhào. zhèiwei xìng
    Zhāng.

Zhōu: nínmen zhīdao, wǒmende gōngshè
    jiù zhòng qīngcài gen shúiguǒ.
    wǒmende qīngcài gen shúiguǒ yì
    nián sìji dōu yǒu súoyi cáijiào
    Sìjiqīng. wǒ xiān dài nǐmen qù
    cānguan wǒmende wēnfáng.

(zài wēnfángli)

Zhào: aīya! Zhōnghǎi, nǐ kàn. zhèi
    ge wēnfang zěnmo zěnmo dà-a! zěn
    mo dūo gūa, gǔo, cài. yòu dà; yòu
    hǎo.

Zhōnghǎi: kàn. zhèishi shénmo gūa?

Zhào: něige?

Zhōnghai: shàngtou gùazhede nàxie.

Zhào: wǒ xiǎng nàxie shi sīgua.

Zhōnghǎi: kànzhe yǒu yìdiar xiàng
    húanggūa.

Zhōu: nàxie shi kǔgua. yuǎnkàn yǒu
    yìdiar xiàng húanggua. jìnkàn
    jiù búxiangle. chīzhe gèng bú

May I ask whom are you looking for?
We don't want to see anybody. We
would like to visit your commune.
Is that all right? This is Mr. Zhāng
from Shànghǎi. Because your commune
is very well-known(therefore)I take
him here once especially to visit.
Fine. You two(gentlemen)please wait
here for a few minutes. I'll find
someone to take you around because
I cannot leave here.

Welcome, welcome. May I know your
last names? My name is Zhōu.
My name is Zhào. This gentleman's
name is Zhāng.
You know that our commune grows
only vegetables and fruits. Our
vegetables and fruits are available
all year round. That's why we are
called Evergreen. Let me first take
you to our greenhouse.

Wow! Zhōnghǎi, look. How very big
this greenhouse is! There are so
many squashes, fruits and vegetables.
They are not only big but good.
Look. What kind of squash is this?
Which one?
Those hanging on the top.
I think, those are green squash.
They look a little like cucumbers.

Those are bitter-melons. from a
distance they look a little like
cucumbers but not at close range.

xiang. kǔgua kǔ kěshi chǎo ròu zuò tāng dōu hén hǎochī.

They taste even less like cucumber. Bitter-melon is bitter but it is delicious whether it is cooked with meat or in a soup.

Zhào: Zhōnghǎi, lái zhèr. kàn zhèike báicài dūo dà-a! nǐmen Shànghǎi yǒu zènmo dàde báicai ma?

Zhōnghǎi, come here. Look at this cabbage, how very big! Do you have such big ones in Shànghǎi?

Zhōnghǎi: zhēn dà. Shànghǎi yǒu méiyou wǒ bù zhīdào kěshi wó yǐqian méiyou jiànguo zènmo dàde.

It's really big. Whether Shànghǎi has it or not, I don't know. However, I haven't seen such a big one before.

Zhōu: liǎngwei xiānsheng, guòlai kàn wǒmende dòuzi. yòu lù yòu dà yòu hǎochī. háiyou qiézi, xīhongshì shénmode. nínmen zǒude shíhou, kéyi dài yìdiar huíqù.

Come over here (you two gentlemen) to see our beans. They are green, big and delicious. Also see our eggplants, tomatoes and others. When you leave, you may take some with you.

Zhào: xièxie, búyao kèqi. wǒmen mǎi yìxie dài huíqu ba. nǐmen língmài ma?

Thanks. You are very kind. We could buy some to take home. Do you sell at retail?

Zhōu: bù. wǒmende qīngcài gen shuǐguǒ dōu dàpīde gōngyìng Běijing gen Běijingde sìjiāo.

No. our vegetables and fruits are supplied in large quantity in Peking and the suburbs of Peking.

Zhào: zhèige wēnfangde wēndù yìnián sìji dōu yíyàng ma? dūoshao dù?

Do you keep the temperature of the greenhouse the same all year round? at what temperature?

Zhōu: chàbudūo lǎoshi qīshijǐ dù. zhèyàng qīngcài gen shuíguǒ jiù zhǎngde hǎo yě bú hùi hùai.

Almost always in the seventies. This way, the vegetables and fruits grow well and will not become rotten.

Zhōnghǎi: nà tāmen zhùde bǐ rén hái shūfu ne.

In that case, they live even better than people.

Zhōu: yìdiar yě búcùo.

Exactly. (lit. not even a bit wrong.)

PATTERN DRILL:

pǎoláipǎoqù (running back and forth)   verb plus 'lái' and verb plus 'qù'

háizimen zài huāryuánli pǎoláipǎoqù.

(The children are running around in the garden.)

wǒ kànláikànqù kànbujiàn Zhōnghǎi.

(I looked and looked but could not see Zhōnghǎi.)

tā zhǎoláizhǎoqù zhǎobudào tāde yàoshi.

(He looked everywhere but could not find his key.)

wó xiǎng děng tā chīwán fàn yíkùar zǒu kěshi tā zùo zài zhèr
chīláichīqù chī bùwán. (I want to wait for him to finish his dinner
to leave with him together but he just sits there eating away.)

zìjǐ (oneself)　　　tā zìji hùi zùo fàn. (He knows how to cook himself.)
　　mèitian nǐzìji lái xuéxiao háishi gen péngyou yíkùar lái?
　　(Do you come to school alone everyday or(together)with friends?)
　　māma dùi dìdi shūo, "nǐzìji zùo gōngke. bú yào wèn wǒ."
　　(Mother says to younger brother, "Do the homework yourself. Don't
　　　　ask me.)

kànzhe (looking)　　　　　tā kànzhe xiàng tāde fùqin.
　　　　　　　(He looks like his father.)
　　zhèige cài chīzhe hén hǎochi. jìao shénmo?
　　(This vegetable tastes very good. What is it called?)
　　wó mèitian zhànzhe jīao shū. yǒushíhou júede hén lèi.
　　(Everyday I teach standing up. Sometimes I feel very tired.)
　　Wénshān zhèng gen Àihúa tánzhe hùa ne.
　　(Wénshān is at this moment talking to Àihúa.)
　　tā cháng cháng bù zhīdào tā chīle shénmo cài yīnwei tā
　　　　chīzhe fàn kàn shū. (He very often does not know what he
　　eats because he reads while he is eating.)

gèng (even more, in a still greater degree)
　　zhèi xīe hūar hén hǎokan. nèi xīe hūar gèng hǎokàn.
　　(These flowers are very pretty. Those are even prettier.)
　　Wénshān búxiàng tāde fùqin kěshi tā gèng búxiàng tāde mǔqin.
　　(Wénshān does not look like his father but he resembles even
　　　less his mother.)
　　nèige wàiguo xúesheng shūo zhōngguo hùa shūode zhēn hǎo kěshi
　　　tāde péngyou shūode gèng hǎo.
　　(That foreign student speaks Chinese really well but his
　　friend speaks even better.)

lǎoshi (habitual, always)
　　zǎoshàng tā lǎoshi bù qǐlai súoyi tā cháng wǎn dào.
　　(He habitually cannot get up in the morning, therefore he often
　　　arrives late.)
　　zhèige xúesheng lǎoshi bú dài shū.
　　(This student always fails to bring his book.)
　　nèi liǎngge rén lǎoshi zài yíkùar shūohùa.
　　(Those two persons always talk together.)

- 41 -

bǐ (to compare)   tāmen zhùde bǐ rén hái shūfu.
                     (They live even better than people.)
                     zhèige háizi bǐ nèige gāo.
                     (This child is taller than the other one.)
                     nǐde gāngbi bǐ wǒde gāngbi guì.
                     (Your fountain pen is more expensive than mine.)
                     Àihúade gōngke bǐ Wénshānde hǎo.
                     (Àihúa's school-work is better than Wénshān's.)
                     tāde fángjian bǐ wǒde shūfu.
                     (His room is more comfortable than mine.)
yìdiǎr ye búcùo (Exactly, not a bit wrong.)
                     yìdiǎr ye búhǎo.(not a bit good,no good at all)
                     yìdiǎr ye búguì.(not expensive at all)
          tā yìdiǎr ye búhuì shūo Yīngwén. (He does not speak English
                                                          at all.)
          wǒ bú è. wǒ yìdiǎr ye chībuxìa. (I am not hungry. I can't
                                                          eat at all.)

EXERCISES:
I. Read the conversation and translate it into English without referring
   to the English translation.
II.Without referring to the Pīnyīn,repeat the conversation in Chinese
   with the help of the English translation.
III.Two students to recite the entire conversation in front of the class.
IV. Read the following sentences and translate into English:
   1. tā xìanzai líkai Zhōngguo dào wàiguo qùle.
   2. Zhōnghǎi líkai Běijing Fàndian dào chēzhàn qù.
   3. jīntīande tīanqi bú tài hǎo. xīwang míngtīande tīanqi hǎo,wǒmen
      kéyi chūqu wár.
   4. wǒmen xúexiao méiyou xìaoyúan jìu yǒu jǐge gāolóu.
   5. Běijīng dàxúe yǒu yíge hén hǎokànde xìaoyúan; yǒu hūar,yǒu shù hái
      yǒu yíge hú.
   6. Wáng tàitaide hūaryúanli yǒu hěn dūo hūar. chūntīande shíhou gè-
      zhǒng hūar dōu kāile;zhēn hǎokàn.
   7. Wáng tàitai zùole gèzhōngde cài qíng wǒmen chī. wǒmen dōu chīle
      hěn dūo.
   8. nèige shūdìanli yǒu gèzhǒng yánsède bǐ. Wénshān mǎile lǐang zhī
      lùde,wǒ mǎile yìzhi hóngde gēn yìzhi báide.(white one)

- 42 -

9. Běijing dàxuéde xìaoyúan yǒu yíge hú. zhèige hú bú dà kěshi hěn
   hǎokan, shuǐ hěn lù.

10. wǒ hěn xǐang mǎi jǐkē lǐushù zhong zài wǒde huāryúanli yīnwei
    lǐushù hěn hǎokàn.

11. wǒde péngyou Měiyīng hùi qǐ mǎ. tā měige lǐbailìu dōu qù jǐaowài
    qǐ mǎ. tā shūo,"qǐ mǎ zhēn hǎowár."

12. dìdi xǐang jìao māma gěi tā mǎi yíge jǐaotachē. māma shūo,"nǐ
    yǐjing yǒu yíge jǐaotachēle,zěnmo háiyao mǎi yíge? déng nǐ zhǎng
    gāole,zhèige bùneng qǐle,wǒmen zài mǎi."

13. dìdi qǐ zài mǎ shàng. mǎ pǎolǎipǎoqù,dìdi júede hǎowar jíle.

14. tīanqi hǎo,dàjīa dōu júede gāoxìng.

15. yǒu shíhou wǒ júede hěn nǐanqing,yǒu shíhou júede hěn lǎo.

16. cóng zhèr dào Měiyīngde jīa zhǐ yào zǒu shí fēnzhong jìu dàole.

17. jīntian wǒ zhǐ yǒu yí kùai qían. wǒ bùneng chī zhōngfàn.

18. qǐng wèn,gōnggong qìche zhàn zài nǎr?

19. "xīansheng,nín zùo zhèige gōnggong qìche wàng běi zǒu,zùo sì zhàn
    jìu dàole."

20. "qǐng wèn,cóng zhèr dào Tīananmén yào zùo jǐ zhàn gōnggong qìche?"

21. wǒ dào Wáng tàitai jīa qùguo lǐang cì le. měi cì tā dōu qǐng wǒ
    chīfàn. tā zhēn kèqi jíle.

22. Wáng tàitai zùode cài tèbie hǎochī.

23. jīntīande tīanqi tèbie hǎo. wǒmen dōu bùxǐang zài jīali,xǐang
    chūqu wár.

24. tā chīguo lǐang cì zhōngguo fàn, júede zhōngguo fàn hěn hǎochī.
    hái xǐang gen péngyoumen qù chī.

25. nèige gōngshè yóu wú bǎi shèyúan.

26. háiyou shíwu fēnzhong jìu xìakèle,zhèige xuésheng cái lái. tā lǎoshi
    wǎn dào yīnwei zǎoshang tā bùneng qǐlái.(xìa kè - class is over)

27. jīntīande zhōngwen kè cái láile shíge rén. (kè - lesson,class)

28. wēnfánglǐde wēndù yìnían sì jì dōu yíyàng.

29. qīngcài zài wēnfángli zhǎngde tèbie dà.

30. wǒ ài chī xīgua,húanggua gen sīgua kěshi bú ài chī kǔgua yīnwei
    kǔgua tài kǔ.

31. zhèige cài hùaile kěshi wǒ bù zhīdao. chīle yǐhou júede hěn bù
    shūfu.

32. shūdìan mǎile dàpide shū yùbei mài gěi xuésheng.

33. gōngshède cài tāmen bù líng mài.

34. wǒmen měitian yào chī ròu yě yào chī qīngcài.

35. ròu kěyi chǎo qíezi,dòuzi,báicai gen húanggua,dōu hěn hǎochī.

V. Say the following paragraphs in Chinese:

1. Peking university is in the western suburb of Peking. That
   university has a large and nice campus. There are two lakes.
   The one in front of the administration building is a small lake.
   On the lake there is a stone-bridge. At the back of the building
   there is another lake which is bigger than the one in front.
   Weeping-willow trees were planted around the lake. In the spring,
   you will see a vast expanse of green.   There are also all kinds
   of flowers. When they are in bloom, they are really beautiful.

2. The Evergreen People's Commune has a very big greenhouse. Inside
   the greenhouse, members of the commune grow all kinds of vegetable
   and fruit.   There are green squashes, cucumbers, bitter-melons, beans
   eggplants, cabbages, tomatoes and apples etc. These vegetables and
   fruits grow very nicely in this greenhouse because the temperature
   is always kept in the seventies all year round. Besides supplying
   the commune itself, a large quantity of the vegetables and fruits
   supply the city of Peking and the suburbs of Peking.

3. The other night, Mrs Wáng invited many friends to dinner at her
   house.   She made many dishes (of food). There were chicken soup,
   dumplings, fried meat with green-squash and eggplant. They were all
   delicious. We also drank tea and ate watermelon. Everybody (all)
   enjoyed it very much.

4. Almost all young people ride bicycles. Students who live in the
   suburbs can ride bicycles to school   but those who live in the
   city cannot ride to school because there are too many buses and
   cars on the streets. They all have to take subways and buses.

NOTES ON GRAMMAR:

Question words 'shénmo' (what) and 'shéi' (who)

When 'shénmo' is used in a question, it means 'what':

        nǐ yào shénmo? (What do you want?)

        nǐ xǐang chī shénmo? (What do you want to eat?)

but when 'shénmo' is used in a negative statement, it means 'anything

        wǒ bú yào shénmo. (I don't want anything.)

        wǒ bù xǐang chī shénmo. (I don't want to eat anything.)

The same applies to the question word 'shéi':

        nǐ zhǎo shéi? (Whom do you want to see?)

        wǒ bù zhǎo shéi. (I don't want to see anybody.)

NEW CHARACTERS AND CHARACTER COMBINATIONS:

就　（jìu) just, then　　　　　气　（qì) air

春　（chūn) spring　　　　　天气　（tīan qì) weather

夏　（xìa) summer　　　　　肉　（ròu) meat

秋　（qīu) autumn　　　　　瓜　（gūa) melon, squash

冬　（dōng) winter　　　　　水　（shuǐ) water

站　（zhàn) stand, station　　果　（guǒ) fruit

社　（shè) cooporative organization　温度　（wēn dù) degree of
　　　　　　　　　　　　　　　　　　　　　　　　　temperature

就来　春天　夏天　秋天　冬天　车站　公社　水果　生气　西瓜

READING SELECTION:

1. 从这儿到四季青公社有多少里？　坐公共汽车要坐几站？

2. 文山在北京上学，中海在上海教书，他们不常见。　中海是文山父亲的朋友，中海跟文山很久没见了。　春天，中海来北京玩儿跟看王家生，现在他离开北京回到上海教书了。

3. 北京在夏天有很多水果。　要是你走在路上，你会看见很多西瓜，也会看见很多人站在路上吃西瓜，因为北京夏天的温度常在八十多度，人人想喝水，西瓜有很多水也好吃。

4. 四季青公社有很多水果跟青菜，他们的水果很大也很多。　那天中海去了，他吃了很多水果也买了很多水果跟青菜。

5. 文山爱吃肉，不爱吃青菜。王太太说，"一个人要吃肉也要吃青菜跟水果。"　文山说，"我不爱吃青菜，我就吃水果吧。"

6. 上海的天气秋天跟冬天都很好可是春天跟夏天的天气不很好，夏天的温度常在八十多度。

7. 公共汽车站在四季青公社的外头，中海回城里就在那儿坐汽车，因为四季青公社在城外离北京饭店有十二，十三里，他坐了很久，到了北京饭店，他很累也很饿。

8. 北京大学离四季青公社很近，坐公共汽车就坐四站，走路也不很远，一会儿就到了，因为一共就有三里路。

9. 我家的温度在冬天跟夏天都是六十八度。

10. 文山跟爱华一块儿去吃饭，吃了饭，他们还去看一个朋友。 那天天气很好，文山说，"他家离这儿不远，我们走路去吧。" 爱华不想走路她想坐汽车，她说，"我们还是坐公共汽车吧，我有一点儿累。"

Sìjìqīng Gōngshè

LESSON XXII   ZHONGHAI IS SICK

New syllables:

bing	chuang	duan	gai	fei	sou	re
					shou	

teng	xu	zhuan
tui	xiong	zui

Vocabulary:

tóu	head
tóu téng	headache
téng	pain,ache
dàgài	probably,most likely
tăng	to lie down
chuáng	bed
yíxiàzi	in a flash,in no time at all
shùi	to sleep
shùizhào	to fall asleep
xĭng	to wake up (jìao xĭng - to wake up someone)
érqĭe	also
rè	hot
xīn	heart
shēng bìng	to become sick
bìng	illness,sickness
zĕnmo bàn	What shall I do?
lìkè	immediately
yīshēng	physician
lŭguăn	hotel
lìngwài	other than this,another
bíede	other
zhēnduàn	diagnosis
máfan	to bother;troublesome(adjective)
jìao mén	to knock on the door
líang	to measure
fāshāo	to have a fever
zháo líang	to catch a cold
líang	cool
yàoshi	if
yíxìang	usually

xǐhuan	to like
yào	medicine
kāi fāngzi	to write a prescription
fāngzi	prescription
yéxǔ	perhaps
yùanyì	willing
hǎode kùai	to get well soon
fàn qían	before a meal
fàn hòu	after a meal
sì cì	four times
tīng	to listen
xīongbù	chest(part of the body)
késòu	to cough
jǐ shēng	a few times (lit. a few sounds)
tùi	to recede, to go down
tùi shāo	the fever goes down
yǐshàng	above
ā-si-pi-líng	aspirin
líuzhī	liquid
zhēnfèi	physician's fee
zhūanmén	exclusively
lǚ kè	traveler
shōu	to accept
shōu dào	to receive
wèi	for
yī kē	school of medicine
xǐaoer kē	pediatrics

CONVERSATION:

    nà tīan Zhōnghǎi cóng jīaowài cāngūanle húilai, júede bú tài shūfu. tāde tóu téng. tā xǐang tā dàgai lèile; jìu tǎng zài chúang shàng xīuxi yìhuǐr. yíxìazi jìu shùizháole. tā xǐnglede shíhou, júede tóu gèng téngle; érqǐe júede yǒu yìdǐar rè. tā xīnli xǐang, 'bùhǎo, wǒ shēngbìngle. zěnmo bàn?' tā lìkè dǎ dìanhùa gěi fúwutái.

Zhāng: shi fúwutái ma? wǒ shi sì-líng-yī fángjīande Zhāng Zhōnghǎi. qǐng wèn zhèr yǒu yīshēng ma? wǒ shēngbìngle.	Is this the service desk? This is Zhāng Zhōnghǎi of room four-O-one. May I ask whether there is a doctor here? I am sick.

fwy: òu, nín shēngbìngle. wǒmen lǚguǎnlǐ jiù yǒu yíwèi yīshēng. qǐng tā lái ne háishi lìngwài qǐng biéde yīshēng ne?

Zhāng: wó yě bú rènshi biéde yīshēng. jiù qǐng tā lái kànkan wǒ ba. tā xìng shénmo?

fwy: tā xìng Chén. tāde zhēnduàn yíxiàng búcùo. rén yé hén hǎo.

Zhāng: hǎo, máfan nín qǐng tā jiù lái ba. wǒ juéde hén bù shūfu.

fwy: hǎo, wǒ xiànzài jiù dǎ diànhùa gěi tā.

(Chén yīshēng jìao mén)

Zhāng: qǐng jìn.

(Chén yīshēng jìnláile)

Chén: Zhāng xiānsheng, wǒ xìng Chén. júede zěnmo bù shūfu?

Zhāng: wǒde tóu hěn téng; júede hěn rè.

Chén: ràng wǒ xiān liáng liáng níde wēndù.

(líang wēndù)

Chén: Zhāng xiānsheng, ní yǒu yìdiǎr fāshāo kěshi bú tài gāo. yǒu yìbǎilíng-èr dù. wó xiáng ní dàgài zháole líang. háohǎode xīuxi liǎng tīan jiù hǎole. yàoshi ní xíhuan chī yìdiǎr yào yé kéyǐ; wǒ jiù kāi yíge fāngzi. zhèyàng yéxǔ bāng ní hǎode kùai yìdiǎr.

Zhāng: xìexie ní. wǒ yùanyi hǎode kùai yìdiǎr. Běijīng zhídekànde dìfang, wǒ hái méiyou kànwán ne. wǒ xiàlǐbàilìu jiù děi húi Shànghǎi le.

Oh, are you sick? We have a doctor right here in the hotel. Shall we call him or shall we call another one?

I don't know any other doctor. Just ask him to come to treat me. What is his name?

His name is Chén. His diagnoses are usually good; a nice person too.

Fine. May I trouble you to ask him to come quickly. I don't feel well at all.

Fine. I'll call him right now.

(Dr. Chén knocks)

Please come in.

(Dr. Chén enters)

Mr. Zhāng, my name is Chén. Where do you feel uncomfortable?

My head aches; I feel hot.

Let me first take your temperature.

(takes temperature)

Mr. Zhāng, you have some fever but not very high. It's one hundred and two degrees. I think you caught a cold. Rest a couple of days; you'll be all right. If you like to take some medicine, I'll write a prescription. This way, it might help you to recover faster.

Thank you. I would like to get well soon. There are still some places worth seeing in Běijīng I haven't seen yet. I must return to Shànghǎi next Saturday.

Chén: wó yě xīwàng nǐ kuàidíar hǎo.
zhèige yào, qǐng nǐ fànhòu chī, měi-
tīan chī sìcì. xìanzài ràng wǒ
tīngting nǐde xīongbù. qǐng késou
jǐ shēng. hǎole, méi shénmo. gùo
yìtīan jìu hǎole.

Zhāng: fā shāo zěnmo bàn? shāo zìjǐ
hùi tùi ma?

Chén: shāo zìjǐ yě hùi tùi. búguò,
yìbǎi-líng-yī dù yǐshàng, nǐ zùi
hǎo chī liǎngkē ā-si-pi-líng. dūo
hē rède líuzhīde dōngxi-xìang tāng,
chá shénmode; shāo chī ròu gen fàn.
dūo xīuxi. gùo yìtīan yàoshi hái
bùhǎo, qǐng nǐ zài dǎ dìanhua lái.

Zhāng: xìexie nǐ. qǐng wèn nǐde zhèn-
fèi shi dūoshǎo?

Chén: bú kèqi. wǒ shi zhèige lǔguǎn-
de yǐshēng zhuānmén wèi lǔkè fú-
wùde. bùshōu fèi.

I also hope you get well fast.
Please take this medicine after meal;
four times a day. Now let me listen
to your chest. Please cough a few
times. Good, there is nothing wrong.
You will be all right in a day.
What shall I do about the fever?
Will it go down by itself?
It will go down by itself. But if
the temperature exceeds 101 degrees,
you'd better take two aspirins. Take
a lot of hot liquid like soup and
tea etc, eat less meat and rice. Rest
well. If you are not better by
tomorrow, call me.
Thank you. Please tell me how much
your fee is?
Don't mention it. I'm the resident-
doctor of this hotel here to serve
travelers exclusively. I don't accept
any fees.

PATTERN DRILL:
shùizháo (to fall asleep)   verb plus 'zháo'

    Zhōnghǎi yíxìazi jìu shùizháole.
    (Zhōnghǎi fell asleep right away.)
    wó yǐjing zài shūdìanli mǎizháole nèiben shū.
    (I already found and bought the book at the book store.)
    zúotian nǐ kànzháo nèi zhāng pìanzi le ma?
    (Did you get to see that film yesterday?)
shùidezháo (able to fall asleep)   verb plus 'de' plus 'zháo'
    wǎnshang nǐ hēle chá yǐhòu, shùidezháo ma?
    (Are you able to fall asleep after you drink tea in the
    evening?)
    zài zhèr chīdezháo Zhōngguó fàn ma?
    (Can one get to eat Chinese food here?)
    zài Měiguó yě mǎidezháo Zhōngguó shū.
    (Chinese books can also be bought in America.)

- 50 -

shùibuzháo (not able to fall asleep)   verb plus 'bù' plus 'zháo'
    zúotian wǎnshang wǒ shùibuzháo yīnwei wǒ hēle hěn dūo chá.
    (I could not fall asleep last night because I drank too much
        tea.)
    zhèiben shū xìanzai mǎibuzháo le.
    (This book cannot be bought anymore.)
    yàoshi nǐ hái búqu kàn nèige dìanying,nǐ jìu kànbuzháo le.
    (If you still won't go to see that movie,then you won't be
        able to see it at all.)

búdàn....érqǐe (not only ....but also)
    Zhōnghǎi búdàn tóu téng érqǐe fā shāo.
    (Zhōnghǎi not only has a headache but also has fever.)
    jīntīande tīanqi búdàn hǎo érqǐe bú rè.
    (Today's weather is good and also not hot.)
    Chén yīshēng búdàn zhěndùan hǎo érqǐe rén hǎo.
    (Dr. Chén not only makes good diagnoses but also is a
        nice person.)

ILLUSTRATIVE SENTENCES:

tóuténg (headache)	Jīntīan zǎoshàng wǒde tóu hěn téng,xìanzai hǎole.
	zhèige shì zhēn tóuténg;wǒ bù zhīdào zěnmo zùo.
dàgài (probably)	tā jīntīan dàgài bù lái le;women bú yào děng tā le.
tǎng (to lie down)	shí dǐanzhōng le. Wénshān hái tǎng zài chúang shàng ne.
chúang (bed)	háizi zhǎngde tài gāole; tāde chúang tài xǐao le.
yíxìazi (in a flash)	tā yíxìazi jìu chī le sān wǎn fàn.
	Wénshān wǔ fēnzhong yǐqían hái zài zhèr;xìanzai yíxìazi yòu bú jìan le.
shùi (to sleep)	Měiyīng měitīan hěn wǎn shùi yīnwei tā yǒu hěn dūo gōngkè.
shùizháo(to fall asleep)	qíng nǐ búyào shūohua;tā gāng shùizháo.
xǐng (to wake up)	měitian zǎoshang nǐ jí dǐanzhong xǐng?
	lǐbailìude zǎoshang wǒ hěn zǎo jìu xǐng kěshi tǎng zài chúang shàng bù xǐang qǐlái.
érqǐe (also)	zhèige xúesheng hǎo érqǐe yònggōng.
rè (hot)	jīntīande tīanqì hěn rè; wǒ kàn dàgài yǒu jǐushi dù.
xīn (heart)	yǒude rén xīn hǎo,yǒude rén xīn bùhǎo;xīn hǎode rén cháng xǐangzhe bíeren;xīn bùhǎode rén jìu xǐangzhe zìjǐ.

sheng bìng (to become sick)   tā méiyou lái shàngkè yīnwei tā shēng bìng.

                                shēng bìngde shíhou yào zài jiā xiūxi, búyao
                                    pǎoláipǎoqù.

zěnmo bàn? (What shall I do?)   jīntiān yǒu kǎoshì kěshi wǒ méiyou yùbei;
                                    zěnmo bàn?

lìkè (immediately)   Chén yīshēng zhīdao Zhāng Zhōnghǎi bìngle,
                                    tā lìkè jiu lái kàn tā.

lǚguǎn (hotel)   Běijīng Fàndian shi yíge hěn yǒumíngde
                                    lǚguǎn; tīngshūo hěn guì.

lìngwài (other than this)   zhèixie cài wǒ dōu bùneng chī; wǒ xiǎng
                                    lìngwài jiao yíge.

                                tā zùo shì hěn bùhǎo; wǒ xiǎng lìngwài zhǎo
                                    yíge rén.

bíede (another)   zhèizhī bǐ yánse bùhǎo; nǐmen yǒu bíede ma?

zhěndùan (diagnosis)   yīshēng zhěndùan shūo tā zháole liáng.

                                nèige yīshēng hěn yǒu míng; tāde zhěndùan
                                    lǎoshi hěn dùi.

máfan (to bother)   nǐ jīntiān xìawu dào shūdian qù; wó kéyi
                                    máfan nǐ gěi wǒ mǎi yìben shū ma?

jiao mén (knocking on the door) wǒ jiaole hén jǐu tāde mén kěshi tā bùkāi;
                                    tā dàgài bú zài jiā.

líang (to measure)   māma shūo, "dìdi lái zhèr. ràng wǒ liángyi-
                                    liáng nǐ xìanzai yǒu dūo gāo."

                                yīshēng zhèngzai líang Zhōnghǎide wēndù.

fāshāo (to have a fever)   xǐao háizi shēng bìngde shíhou cháng fāshāo
                                    hěn gāo.

zháo líang (to catch a cold)   dōngtīande shíhou hěn dūo rén zháo líang.
   líang (cool)   jīntiān tīanqì hěn liang; méiyou zúotian rè.

yàoshi (if)   wǒmen xúexiao fàntángde cài bù hěn hǎochī.
                                yàoshi nǐ xiǎng chī hǎo cài, nǐ děi dào
                                    wàitóude fàndian qù chī.

yíxìang (usually)   zhèige xúeshēngde gōngkè yíxìang dōu hén hǎo.
                                mǔqin yíxìang dōu qǐláide hén zǎo. jīntian
                                    tā méiyou qǐlai yīnwei tā bù hěn shūfu.

xǐhūan (to like)   nèige xúesheng bù xǐhūan shàng kè; cháng bùlái.

yào (medicine)   zhèige yào hěn kǔ; dìdi búyào chī.

kāi fāngzi (to write a   yīshēng kāile yíge fāngzi gěi Zhōnghǎi; jiao
          prescription)   tā měitian chī sìcì.

yéxǔ (perhaps)	míngtīande tiānqì yéxǔ huì rè. nǐ zuìhao tīngle tīanqi bàogào zài chūqu.
	wǒ míngtian yéxǔ bùneng lái. nǐmen búyào déng wǒ.
yuànyì (willing)	wó hěn yuànyì gēn nǐ qù mǎi dōngxi kěshi wǒ jīntīan zǎoshang yǒu kè.
hǎode kùai(to get well soon)	shēng bìngde shíhou yào dūo xiūxi jiù kéyi hǎode kùai.
fàn qían (before a meal)	yǒude yào děi fàn qían chī;yǒude yào děi
fàn hòu (after a meal)	fàn hòu chī; bùneng chī cùo.
sì cì (four times)	yīshēng shūo,"zhèige yào nǐ yì tīan chī sì cì."
tīng (to listen)	qíng nǐmen búyào shūohùa. tīngting tā shūo shénmo.
xīongbù (chest)	yīshēng tīng bìngrénde xīongbù gēn xīn.
késòu (to cough)	shēngbìng yǐhòu,chángchang hùi késòu.
	yàoshi ní lǎoshi késòu,zùihao kùai qù kàn yīshēng.
jǐ shēng (a few times)	wǒ jìaole jǐ shēng,tā tīngbujìan. dàgai tā zài lóushàng shùizháo le.
tùi (to recede,to go down)	xǐao chē tùihòu ràng dà chē xīan zǒu.
tùi shāo (the fever recedes)	Zhōnghǎide shāo tùile,tā júede hǎole.
yǐshàng(above)	tāde gōngkè zài hěn dūo tóngxúe yǐshàng.
	jīalǐde wēndù,yàoshi zài qīshí yǐshàng,jìu tài rè le.
ā-sī-pī-líng(aspirin)	yīshēng shūo,"yàoshi wēndù zài 101 dù yǐshàng, nǐ jìu děi chī lǐang kē ā-sī-pī-líng.
líuzhī (liquid)	shǔi,chá gēn tāng dōu shi líuzhīde dōngxi.
zhēnfèi (physician's fee)	Měigúode yīshēng zhēnfèi hěn gāo,yǒude yào wǔshí kùai qián yícì;zài Zhōnggúo,yīshēngde zhēnfèi jìu yào jǐ máo qián.
lǚ kè (traveler)	dào Běijīng qù wárde lǚ kè cháng zhù zài Běijīng Fàndìan.
shōu (to accept)	zài Zhōnggúo,lǚguǎnlǐ dōu yǒu yīshēng. tāmen wèi lǚ kè fúwù bù shōu fèi.
shōu dào (to receive)	jīntīan wǒ shōu dàole tā sòng wǒde nèiben shū.
wèi (for)	Wáng tàitai wèi wǒmen zùole hěn dūo hǎochīde cài;kùai dūo chī yìdǐar ba.

yī kē (school of medicine) wǒménde dàxué méiyou yī kē. yàoshi nǐ
           xiǎng xúe yī, nǐ zùihǎo dào biéde xúexiao
           qù xúe.

xiaoér kē (pediatrics) hěn dūo rén xúe xiaoér kē yīnwèi tāmen
           xǐhūan xiaoháizi.
           nǐde fùqin shi xiaoér kē yīshēng ma?

EXERCISES:

I. Translate the conversation line by line without referring to the
 English translation.

II. Without referring to the Pīnyīn, repeat the conversation in Chinese
 with the help of the English translation.

III. Two students to recite the entire conversation in front of the class.

IV. Read the following Chinese sentences and translate into English:

 1. nǐde tóuténg hǎole ma? yàoshi méi hǎo, jiù chī yǐkē ā-sī-pǐ-líng.

 2. nǐmen dàgài háimei chī zhōngfàn ba. wǒ kùai géi nǐmen zùo fàn ba.

 3. zhèige tāng tài rè le; wǒ déi děng yìhúir zài hē.

 4. tā měitīan húilai dōu yào xiān shùi yìhúir yīnwèi tā tài lèi.

 5. zhèi zhāng (measure for 'bed') chúang shùizhe bù shūfu; wǒ xiǎng
  lìngwài mǎi yì zhāng.

 6. mǔqin jiàole tā jǐcì kěshi tā hái tǎng zài chúang shàng bù qǐlai.

 7. zúotīan wǎnshang wǒ hēle tài dūo chá shùibuzháo; jiù qǐlai kàn shū,
  dào líang dǐanzhōng cái shùizháo.

 8. nǐ zùihao xiān géi tā dǎ yíge dìanhùa kàn tā zàibuzài jīa.

 9. tā yíxìang dōu xǐngde hěn zǎo, kěshi jīntīan zǎoshang tā shí dǐan-
  zhōng cái xǐng. tā shūo tā zúotīan wǎnshang húi jia tài wǎn, tài
  lèile.

 10. wǒ bú yùanyì qù tā jīa. yàoshi nǐ yě búqù, wǒ jiù gèng bù xiang qùle.

 11. Wénshānde xīnli lǎoshi xiǎngzhe Aìhúa.

 12. xiaoyúanlǐde hūar kāide hěn hǎo érqiě gèzhǒng yánsè dōu yǒu.

 13. Wénshān xiǎng, "yàoshi Aìhúa bìngle, wǒ jiù yídìng qù kàn tā, mǎi hūar
  géi tā" kěshi Aìhúa bù shēngbìng.

 14. Chén yīshēngde háizi shūo, "wǒ zhǎng dàle, yě yào zùo yīshēng gēn
  wǒ bàba yíyàng."

 15. xúe yī kēde xúeshēng yào xiān shàng dà xúe ránhòu zài shàng yīxúe
  yùan.

 16. yīshēngde zhěndùan yàoshi bùhǎo, bìngrén jiù bú qù kàn tāle.

 17. zhèige háizi lǎoshi xǐhuan máfan wǒ; wǒ zhēn bù zhīdao zěnmo bàn.

 18. kèren láile; tāmen zài wàitou jiaomén. qíng nǐ qù kāimén ba.

19. tā jìnlái yǐhòu jiù bāngzhe Wáng xiānsheng zuò shì.
20. máfan nǐ, gěi wǒ liángyiliáng zhèige mén yǒu duō gāo.
21. Jiāshēng shànglǐbài yǐjing bìngle yícì; zhèige lǐbài yòu zháoleliáng.
22. yīshēng kāile yíge fāngzi; xiàwu wǒ qù mǎi yào.
23. zhèyang zuò yéxǔ hǎo yìdiǎr; nǐ juéde duì ma?
24. Jiāshēng xǐhuān fànqián zài huāyuánli zǒuyizou, fànhòu shuì yìhuǐr;
    zhèyang tā cái juéde shūfu.
25. nǐ tīngting, nèige háizi yòu zài lóuxia jiào le.
26. wǎnshang dìdi shuō tāde xiōngbù yǒu yìdiǎr téng; dàgài tā wárde
    tài lèi le.
27. māma wǎnshang lǎoshi késòu, shuìbuhǎo.
28. nèige xuésheng yīnwèi děi zuò shì, jiù tuì xué le.
29. tā késòule jǐshēng yǐhòu, jiù shuìzháo le.
30. lǎonián rén chángcháng jiù néng chī liúzhīde dōngxi.
31. Chén yīshēng bùshōu zhēnfèi yīnwèi tā shi lǚguǎnde yīshēng.
32. wèile tāde háizimén, tā děi zuò hěn duō shì.

V. Translate the following English sentences into Chinese:
    1. When you have a headache, you should take two aspirins.
    2. Please don't wait for me tomorrow; I probably cannot come.
    3. I would like to drink something hot; do you have tea?
    4. If you do not feel well, you should lie down. You may lie down on
       my bed.
    5. Please sleep a while; I will call you at four o'clock.
    6. In no time at all that child disappeared on his bike.
    7. Please don't wake him. He just fell asleep a moment ago.
    8. Can you fall asleep after you drink tea?
    9. You better come to my house first; we will go there together.
    10. The doctor listens to his heart and chest.
    11. He did not attend class because he was sick.
    12. My friend is a pediatrician.
    13. Sir, do you want to buy another pen? What color ?
    14. May I trouble you to pass me my key?
    15. It must be Wénshān knocking outside. I know he does not have his
        key.
    16. Let me measure you to see how tall you are.
    17. Zhōnghǎi is sick. He has a slight temperature.
    18. During the winter time, a lot of people catch cold.

19. Today's weather is a little cool; it is very comfortable.
20. Give me the prescription; let me go to get the medicine.
21. He is probably an American, but he speaks Chinese very well.
22. That child runs really fast.
23. Would you like to accompany me to see a movie?
24. Don't talk; listen to what he says.
25. Today his temperature has come down; he feels well.
26. Last night, I could not sleep; I heard him coughing a few times.
27. This person lives here. He is not a traveler.
28. This hotel is exclusively for foreign travelers.
29. Have you received that book which I bought for you yesterday?
30. Dr. Chén says he does not accept any fees.

NEW CHARACTERS AND CHARACTER COMBINATIONS:

病	(bìng) illness		凉	(liáng) cool
痛	(téng) pain, ache		甚么	(shén mò) what
睡	(shùi) to sleep		时候	(shí hòu) time
睡觉	(shùi jìao) slumber		的时候	(...de shí hòu) when
觉	(júe) to feel		快	(kùai) quick, fast
床	(chúang) bed		医生	(yī shēng) physician
别的	(bíe de) other ones		能	(néng) able to, can
别	(bíe) don't		着凉	(zháo liáng) to catch cold

READING SELECTION:

1. 中海生病了，他睡在床上，他觉得头痛，他的温度是１０１度。

2. 冬天的时候很多人都生病，文山家里的人也都病了，他们请医生来看他们。

3. 有一天爱华跟文山一块儿去一个晚会。　在那个晚会里他们看见很多朋友，他们在一块吃饭，喝茶，说话觉得很好玩，一下子就到了回家的时候了。　爱华家离那儿不远她说她要走路回去，文山说，"我先跟你走一走吧。"　他们到了爱华家，文山就坐公共汽车回家。

4. 那天晚上爱华走回家的时候，天气有一点儿凉，爱华也觉得凉可是她没有说甚么。第二天她生病了，她的头很痛，睡在床上不能起来，她想，"不好了，我生病了，要是我今天睡一天明天就会好了吧。"　可是她没有好，钱太太说，"我还是请医生来看看你吧。"

5. 爱华生病的时候她觉得头很痛，不想吃甚么，就想喝水，想睡觉，文山来看她可是爱华不想说话，因为她有温度。 文山坐了一会儿就出去跟钱太太说话去了。 钱太太想请他吃饭，可是文山不想在钱家吃饭，因为爱华不能吃饭，就是钱先生跟钱太太跟他一块儿，他觉得没有意思，他就谢谢钱太太回家去吃饭了。

6. 那天到钱家给爱华看病的医生姓夏，他是钱先生的朋友，人很好，也是一个好医生，他有很多病人，一天到晚的忙也不觉得累。 他到了钱家的时候，钱先生跟太太都在家。他们请他喝茶，他说，"谢谢你们，明天我来喝茶吧，现在我还要去看别的病人，现在天气不好，很多人都着凉，叫爱华多睡觉，多喝水，喝茶，明天就好了。"

7. 早上文山睡在床上不想起来，他想，"爱华病了三天了，今天在学校里还是看不见她，很没意思。 今天早上就有一课中文，我想不去上课，到钱家去看爱华吧。" 他在想的时候，王太太来了，她说，"文山快起来去上课，你在想甚么？ 要是你想去看爱华，晚上我跟你一块儿去，因为我很久没有看见钱太太了，我也想去看看她。"

8. 那天晚上，王太太，王家生跟文山都去钱家了，王太太还买了水果给爱华，他们到了钱家的时候，爱华在睡觉，钱太太说，"谢谢你们来，还买水果给爱华，我去看看她是不是还在睡觉。" 王太太说，"别叫她，我们先坐下说一会儿话吧。" 子人说，"爱华就是着了凉，没甚么，今天没有温度了，可是她还是不想吃饭，她说她想明天回学校因为她有很多功课。 我看她不能回学校。 我们问夏医生吧。"

LESSON XXIII GOOD-BYE, ZHONGHAI

New syllables:

bian   cu   lin   man   nü   pang   song   tao
bo   sui

zhuo

Vocabulary:

huochezhàn	train station
shōushi	to clean up, to pack
jìan xíng	farewell dinner
dìanhua xǐang	the telephone rings
búbì	not to need
gùode kùai	(Time passes swiftly.)
háohǎode wár	to enjoy (a trip or something)
zhèi cì	this time
shàng cì	last time
xìa cì	next time
sòng	to see someone off; to present a gift
bùhaoyìsi	embarrassing (Chinese idiom)
kùai chē	express train
màn chē	local train
màn	slow
bān	measure word for scheduled train, bus and airplane
tíng	to stop
tóngshí	simultaneous
dàjīa	everybody
zhù nǐ yílu píngān	wishing you a safe journey
súibìan	as one pleases, at ease
súibian zùo	sit anywhere
bómǔ *	aunt
bóbo	uncle (father's older brother)
shūshu	uncle (father's younger brother)
nènmo	in that way
nènmo hǎochi	so very delicious
pàng	fat (to describe a person)
féi	fat (to describe an animal)

* In China, young people are taught to address the friends of their
parents as aunts and uncles even though they are not related.

é	goose
zhī	(measure for geese and all other animals)
tǎoyàn	annoying, bothersome
xìaohua	joke
dòu	to tease
zài fànzhūo shang	at the dinner table
zhūozi	table
bùdéliǎo	Oh, my goodness! (Chinese idiom of surprise)
bìanfàn	informal dinner, simple meal
jǐu	wine, liquor
Máo-tái	a strong Chinese liquor made of sorghum
bái jǐu	white wine
xīong	strong, powerful, fierce
pí jǐu	beer
qì shǔi	soda
Láoshān	Láo mountain in Qīngdǎo, Shāndōng province
jǔ bēi	to hold up the glass, to propose a toast
fěnsī	rice-noodle, vermicelli
ròuwán	meat-balls
bái cài	Chinese cabbage(white color)
shīzitóu	Lions'Head (a northern dish-pork meat-balls cooked with cabbage)
zùobuliǎo	unable to do
hóngshāo	dishes cooked in soy sauce
bíe kèqile!	Don't be so modest!
hóngshāo yú	fish stewed in soy sauce
yú	fish
tíao	(measure for 'fish')
tángcù yú	sweet-and-sour fish
táng	sugar; candy
cù	vinegar
chǎo níuròu	sautéed beef
níu	cow; ox; bull
yùjian	to bump into someone
nán	male
nǚ	female
yúanlái	it turns out to be, actually

línshí	temporary;impromptu;at the last moment
júedìng	to decide
yǎn	to perform,to act
yǎnyuán	actor,actress

CONVERSATION:

gùole liǎng tiān Zhōnghǎide bìng hǎole. tā jiù qù cānguānle yǐqian
tā xiǎngyào qùde jǐge dìfang. lǐbai wǔdè zǎoshang,tā xiān qù huǒchezhàn
mǎile huǒchepiào ránhou húidao lǚgǔan shōushi xíngli;xiàwu tā qù mǎile
yìxiē dōngxi jiù yùbei dào Wáng jiā qù chī wǎnfàn. yīnwei tā míngtian
zǎoshang yào húi Shànghǎile,tāmen wèi tā jiànxíng. tā zhèngzai shōushide
shíhou,diànhua xiǎngle;yúanlai shi Jiāshēng. Jiāshēng shūo,"Zhōnghǎi,
yùbei hǎolema? liù diǎnzhōng chīfàn kěshi xīwang nǐ zǎoyìdiar lái. yào-
buyào Wénshān lái jiē nǐ?" Zhōnghǎi shūo,"wǒ chàbudūo dōu yùbei hǎole;
jiù láile. wǒ zìjǐ hùi zùo gōnggòng qìche,Wénshān búbì láile. yìhǔir
jiàn ba."
(zài Wáng jiā)

Jiāshēng: Zhōnghǎi,qǐng zùo. zhèi
liǎngge lǐbai gùode zhēn kùai-a.
hái méi hǎohǎode péi nǐ wárwar;
nǐ jiù yào zǒule. míngtiān zhēn
zǒuma? jǐ diǎnzhōng? wǒ zhèi cì
yídìng děi qù sòng nǐ. shàng cì
nǐ láide shíhou,wǒ méiyou qù jiē
nǐ,tài bùhǎoyìsi le. nǐ shìbushi
zùo zǎoshang shí diǎnzhōngde
kùaiche? wǒ zhīdao bā diǎnzhōng
yě yǒu yì bān chē kěshi shi màn-
che;měiyizhàn dōu tíng. wǒ xiǎng
zhèi liǎng bān chē chàbudūo tóng-
shí dào Shànghǎi.

Zhōnghǎi,please sit down. These two
weeks passed so quickly. We haven't
taken you anywhere yet;now you are
leaving us. Are you really leaving
tomorrow? At what time? I must see you
off this time. It was really embar-
rassing that last time I did not meet
your train when you arrived. Are you
taking the ten o'clock express? I know
there is another train which leaves at
eight,but that one is a local;it stops
at every station. I think they both
arrive at Shànghǎi at about the same
time.

Zhōnghǎi: dùile. wǒ shì zùo shí
diǎnzhōngde chē. zhèiban chē hěn
kùai yé hěn shūfu.

Yes. I am taking the ten o'clock train.
This train is fast and very comfortable

(Wénshān dàizhe Qián Àihúa,Qián zì-
rén gēn Qián tàitai jìnláile)

(Wénshān bringing in Qián Àihúa,Qián
zìrén and Mrs. Qián)

Wénshān: bàba,Qián bóbo,Qián bómǔ
gēn Àihúa dōu láile.

Dad,uncle Qián,auntie Qián and Àihúa
are all here.

- 60 -

Jiāshēng: òu, Zìrén, Qián tàitai, Àihuá, zhēn hǎojíle; dàjiā dōu láile. wǒ yě qǐngle Yǒuméi kěshi tā jīntiān wǎnshang yǒu shì; tā bùnéng lái. tā shuō, zhù nǐ yílù píngān. dàjiā qǐng súibian zuò ba.

Zìrén: Zhōnghǎi, zhēn gāoxìng yòu néng kànjian nǐ. tīng Wénshān shuō, nǐ míngtian jiù húiqu le. zěnmo bù dūo zhù jǐtian ne? Běijīng yǒu hěnduo zhídekànde dìfang-a.

Àihuá: Wáng bómu ne? tā yídìng zài chúfang lǐ; wǒ qù kànkan tā.

Wénshān: wǒ péi nǐ qù; yěxǔ māma yào wǒ bāng tā máng.

Qián tàitai: dùile! wǒ yě qù chúfang bāngbang tā ba.

(zài chúfang lǐ)

Wáng tàitai: āiyā! Qián tàitai, zhēn gāoxìng nǐ néng lái. nándé jìan.

Qián: yǒu shénmo kéyi bāngmángde ma? nǐ kàn, nǐ zěnmo zuòle zěnmo dūo cài!

Àihuá: kànzhe dōu nènmo hǎochī. Wáng bómu, wǒ zhēn děi lái gēn nín xúexue.

Wénshān: nà nǐ lái-a. měitian xué yí-ge cài, chī yíge cài. yìnián sān bǎi lìushí wǔ tían, nǐ jiù xúehuì sān bǎi lìushí wǔge cài; yě chī sān bǎi lìushí wǔge cài. nà nǐ jiù yào pàng-de xiang yìzhǐ dà féi é le.

Àihuá: Wáng bómu, nín kàn Wénshān dūo tǎoyàn. nín mà tā ba.

Qián tàitai: Wénshān zhēn yǒuyìsi. zhēn hùi shuō xiàohua.

Wáng tàitai: Wénshān, kùai bǎ zhèige tāng ná chūqu. bíe dòu Àihuá le.

Àihuá: zhèige cài yě ná chūqu ba? wǒ lái ná.

Oh, Zìrén, Mrs. Qián, Àihuá, everyone is here; marvelous! I also invited Yǒuméi but tonight he is busy; he cannot come. He said, he wished you a pleasant trip. Please sit down, everybody.

Zhōnghǎi, so happy to see you again. I heard Wénshān said that you were going back tomorrow. Why not stay a few days more? There are a lot of places worth seeing in Běijīng.

Where is Auntie Wáng? She must be in the kitchen; I'll go to see her.

I'll go with you; perhaps mama needs me to help her.

Right! I should also go to the kitchen to give her a hand.

(in the kitchen)

Oh! Mrs. Qián, I am so happy that you could come. We hardly see each other.

Is there anything that I can do? Look, why do you make so many dishes! They all look so delicious. auntie Wáng, I must come and learn from you.

In that case, come. You learn one dish every day, eat one dish every day. In one year, in 365 days, you can learn 365 dishes and also you eat 365 dishes. Then you will be as fat as a big fat goose.

Look, auntie Wáng, Wénshān is so annoying. Please scold him.

Wénshān is cute. He really knows how to joke.

Wénshān, quickly take this soup out. Don't tease Àihuá anymore.

Shouldn't this dish be taken out too? Let me take it out.

Wáng tàitai: xièxie. nǐmen dōu chūqu qǐng tāmen dōu zuòxia ba. cài dōu hǎole, chīfànle.

Thank you. You all go out and ask them to sit down. All the dishes are ready; we'll eat now.

(zài fàn zūo shang)

(at the dinner table)

Zhōnghǎi: bùdéliǎo, zènmo duōde cài. wáng tàitai, nín tài kèqile.

Oh my! So many courses. Mrs. Wáng, you are too polite.

Wáng tàitai: méiyou shénmo cài; biànfàn. súibian chī, búyao kèqi. lái, xiān hē dǐar jiǔ ba. Jiāshēng, wèn tāmen jǐwèi dōu xiǎng hē shénmo jiǔ? wǒmen yōu Máo-tái, bái jiǔ, hóng jiǔ gēn pí jiǔ.

Nothing worth mentioning. It's only a simple meal. Help yourself. Don't stand on ceremony. Let's drink some wine first. Jiāshēng, ask them what kind of wine they all prefer to drink. We have Máo-tái, white wine, red wine and beer.

Zhōnghǎi: nǐmen hē Máo-tái ba. wó kě bùneng hē; tài xiōng le. wǒ hē báijiǔ ba.

You may drink Máo-tái. I certainly cannot take it; it is too strong. I'll drink white wine.

Zìrén: wǒ yě bùneng hē Máo-tái. wó xiǎng jiù hē dǐar pí jiǔ ba.

I cannot drink Máo-tái either. I'll just drink some beer.

Jiāshēng: Qián tàitai ne? nín hē shénmo?

How about Mrs. Qián? What would you like to drink?

Qián tàitai: wó kéyi hē yìdǐar hóng jiǔ.

I can drink a little red wine.

Wáng tàitai: hǎo, wǒ péi nǐ hē dǐar hóng jiǔ. Aìhúa yě hē yìdǐar ma?

Fine, I'll drink some red wine with you. Aìhúa also?

Aìhúa: bù, wǒ búhùi hē. wǒ hē shǔi ba.

No, I don't drink. I'll drink water.

Wénshān: nǐ hē qìshǔi ba. wǒmen liǎngge rén hē Láoshān qìshǔi ba. hǎo hē jíle.

Drink some soda then. We two will drink some Láoshān soda. It is most delicious.

Jiāshēng: (jǔ bēi) wǒmen dàjiā zhù Zhōnghǎi 'yílù píngān'.

(Holding up the glass) We all wish Zhōnghǎi 'a pleasant trip'.

Qián tàitai: xià cì zàilái Běijīng, qíng bǎ Zhāng tàitai dài lái; ràng wǒmen yě rènshi rènshi tā.

Next time when you come to Běijīng again, please bring Mrs. Zhāng along; let us also meet her.

Aìhúa: Wáng bómǔ, zhèi jiào shénmo tāng-a? zènmo hǎo hē!

Auntie Wáng, what soup is this? It is so delicious!

Wáng tàitai: nǐ xǐhuan ma? shi fénsī-ròuwán-báicài tāng.

Do you like it? It is pork meat-balls with vermicelli and cabbage.

Qían tàitai: nín zhèi wǎn'shīzitóu' This'Lions-Head'dish is most delicious.
  wó kě zuòbuliǎo zènmo hǎo. I can never cook so well myself.
Wáng tàitai: bíe kèqile. wǒ zhīdao Don't be so modest. I know you cook
  nǐ zuòde hǎo. shàngci nèitíao well. Last time, the fish in soy sauce
  hóngshao yú hǎode bùdéliǎo. was really very delicious.
Qían tàitai: nár yóu nǐ jīntian zhèi- How could mine compare with your
  tíao tángcù yú hǎo-a. sweet-and -sour fish to-night.
Àihúa: nǐmen liǎng wèi dōu zènmo You two are both trying to be modest.
  kèqi. wǒ shūo, Wáng bómǔ gēn māma I say, auntie Wáng and mother both
  dōu hùi zuò cài. wǒ jìu hùi chī are good at cooking. I only know
  cài. how to eat.
Zhōnghǎi: Àihúade hùa yìdíar yě bú- What Àihúa said was quite right. We
  cùo. wǒmen jìu hùi chī cài. kàn only know how to eat. Look at this
  zhèige chǎo níu-ròu; yòu hǎokàn, sautéed-beef; it is not only delicious
  yòu hǎochī. nǐmen kùai chī ba. but also good to look at. You'd better
  eat some quickly.

Jīashēng: Zhōnghǎi, yàokànde dìfang Zhōnghǎi, did you visit all the places
  dōu kànle ma? chángchéng qùle you wanted to see? Did you go to the
  méiyou? Great Wall?
Zhōnghǎi: shànglǐbai lìu qùguòle. Yes, I went there last Saturday. The
  nèitian tīanqì hén hǎo, yóu kè hén weather that day was fine; there
  dūo. où, wǒ hái yùjian Àihúa gēn were many visitors. Oh I also met
  tāde yíwèi nán péngyou ne. hāha! Àihúa and one of her boy friends.
  Hāha!

Àihúa: yě búshi shénmo nán péngyou, He is not a boy friend, just a school-
  jìu shi yíge tóngxúe. mate.
Wénshān: où, nǐ búshi shūo, nǐ yóu Oh, didn't you say that you had to
  kǎoshì gēn jīao bàogào; bùneng qù prepare for the tests and to write
  kàn dìanyǐng ma? yúanlái shi qù your report; that you could not go to
  chángchéng! the movies? It turned out that you
  went to the Great Wall!

Àihúa: búshi, shi línshí júedìngde.... No, it was only decided at the last
  wǒ tīngshūo nèizhāng pìanzi hái moment....I heard they were still
  zài yǎn ne; nǐ hái xǐang qù kàn ma? showing that film; do you still want
  to go?

(Wénshān bù shūohùa) (Wénshān does not speak)
Àihúa: Wénshān, wǒ wèn nǐ hùa ne. Wénshān, I am asking you something.
Wénshān: où, dùibuqǐ, wó yóu yìdíar Oh, I'm sorry, I have a slight headache;
  tóuténg; wǒ déi qù chī yìkē ā-sī-pī- I have to take an aspirin.
  líng.

PATTERN DRILL:

háohǎode wár (to enjoy pleasantly,to play nicely) The repeated
   adjective with 'de' is used here as compound adverb modifying the
   verb which follows.
       māma shūo,"dìdi,nǐ gēn péngyoumén zài wàitou háohǎode wár."
       (Mother says,"little one,you play nicely with your friends outside.
       Zhōnghǎi zài Běijīng háohǎode wár le liǎngge lǐbài.
       (Zhōnghǎi enjoyed two weeks'pleasant stay in Běijīng.)
       chīfàn búyào chīde tài kùai;yào mànmànde chī.
       (When you eat,do not eat too fast; must eat slowly.)
       wǒmen háiyou hěn dūo shíhou,nǐ mànmànde chī ba.
       (We still have plenty of time,please eat slowly.)
       gōnggong qìche jìu yào kāile;qíng nǐ kùaikùaide lái.
       (The bus is about to leave;please come quickly.)
       māma zài jìao nǐ,qíng nǐ kùaikùaide qù.
       (Mother is calling you,please go quickly.)
wǒ shì zùo zhèibān chē.(I am indeed taking this train.) The verb to-be
   'shì' is used to emphasize what the sentence is already stating.
       tā shì bù xǐhūan chī Zhōngguo fàn.
       (He indeed does not like to eat Chinese food.)
       tā shì júede bù shūfu.
       (He does feel sick.)
súibian zùo (Sit anywhere.) 'súibian' plus 'verb' indicates: to do
   something the way as one pleases.
       Jīashēng qíng kèrén súibian zùo.
       (Jīashēng asks his guests to sit down wherever they like.)
       mǎile piào yǐhòu,dàjīa kéyi súibian zùo.
       (After you buy the tickets,you may sit anywhere you like.)
       Wáng tàitai shūo,"dàjīa súibian chī,búyào kèqi.)
       (Mrs. Wáng said,"Help yourself everybody,don't stand on ceremony.)
       xúeshengmén zài xìaoyúan lǐ súibian wár.
       (Students do as they like on the campus.)
       túshugǔan lǐde shū,nǐmen kéyi súibian kàn kěshi bùneng ná chūqu.
       (You may read any book you like in the library,but you cannot
           take them out.)
       lǎo péngyoumén zài yíkùar súibian tán,tánde gāoxìng;shíhou jìu
           gùode kùai jíle.
       (Time passes so swiftly when old friends get together to have a
           hearty chat.)

- 64 -

zuòbùliǎo (unable to do)   'verb' plus 'bùliǎo' means 'unable to do
                            something'.
        wó zuòbùliǎo nènmo hǎo. (I cannot do that well.)
        nèige háizi chībùliǎo liǎngge bāozi. (That child will not be able
            to eat two dumplings.)
        jīntian wǎnshàngde wǎnhùi wó kǔngpa láibùliǎo.
        (I am afraid I will not be able to come to tonight's party.)
zuòdeliǎo (able to do)   'verb' plus 'deliǎo' means 'able to do something'.
        wó xiǎng nǐ zuòdeliǎo zhèige shì.
        (I think you will be able to do this job.)
        nǐ míngtian láideliǎo ma? (Will you be able to come tomorrow?)

ILLUSTRATIVE SENTENCES:
huǒchezhàn (train station) jīntian xiàwu wó děi qù huǒchezhàn jīe péngyou.
shōushi (to clean up)   Àihuá xǐhuan shōushi tāde fángjiān.
jiàn xíng (farewell dinner) péngyou líkāide shíhou, wǒmen wèi tā jiànxíng.
diànhùa xiǎng (The telephone rings.) diànhùa xiǎngle, nǐ tīngjiàn le ma?
búbì (not to need)   jīntian xiānsheng bìngle, wǒmen búbì shàng kè.
guòde kùai (Time passes swiftly.)
                            shíhou guòde tài kùaile; háizimén dōu zhǎng dàle.
háohǎode wár (to play nicely; to have fun)
                            wǒ yào zài zhèr háohǎode wár jǐ tian.
zhèi cì (this time)   zhèi cì wǒ bùneng lái kàn tā yīnwei wǒ bìngle.
shàng cì (last time)   shàng cì wǒren qù kàn diànyǐng tā bùneng qù;
                            zhèi cì tā yòu bùneng qù.
xìa cì (next time)   xìa cì qíng nǐ bǎ háizi dài lái.
sòng (to see someone   off; to present a gift)
                            jīntian tā zǒu, nǐ yě qù sòng tā ma?
                            zúotian tā sòngle wǒ yìben shū.
bùhaoyìsi (embarrassing)   tā bìngle wǒ méiyou qù kàn tā, zhēn bùhaoyìsi.
kùai chē (express train)   nǐ měitian shàng xúe zùo kùai chē háishi mànchē?
màn chē (local train)   cóng wǒ jiā dào xúexiào jiù yǒu mànchē.
bān (scheduled train or bus) zhèi bān chē yǐjing zǒule, nǐ děng xìa yì bān ba.
tíng (to stop)   mànchē měizhàn dōu tíng.
tóngshí (simultaneous)   tāde liǎngge háizi tóngshí shàng dàxúe.
dàjiā (everybody)   jīntiānde tiānqì hén bùhǎo; dàjiā dōu bùlái.
zhù nǐ yílù píngān (Wishing you a pleasant journey)
                            péngyou zǒude shíhou, wǒmen sòng tā. wǒmen
                            shūo, "zhù nǐ yílù píngān."

- 65 -

súibian (as one pleases)	wǒmen dàjīa súibian tántan ba.
súibian zùo (to sit anywhere)	qíng nǐmen súibian zùo; búyao kèqi.
bómǔ (aunt)	zài Zhōngguó, háizimén jiao dàrén, tèbíe
bóbo (uncle, elder)	shi fùqin gēn mǔqinde péngyou bómǔ,
shūshu (uncle, younger)	bóbo gēn shūshu.
nènmo (in that way)	ní zěnmo nènmo hùi shūo xiaohua!
nènmo hǎochī (so delicious)	zhèige cài nènmo hǎochī; ní zěnmo zùode?
pàng (fat)	nǐ kàn, nèiwei tàitai zhēn pàng.
féi (fat)	pàng rén dōu xǐhūan chī féi ròu.
e (goose)	zúotian tā mǎide nèi zhī é hěn féi.
zhī ('measure' for animals)	wáng tàitai mǎile lǐang zhī jī; yìzhi zùo tāng, yìzhi hóngshāo.
tǎoyàn (annoying)	nèige rén lǎoshi dǎ dìanhùa gěi Aìhúa; Aìhúa júede tā hěn tǎoyàn.
xìaohua (joke)	rénrén dōu xǐhūan shūo xiaohua kěshi búshi rénrén dōu hùi shūo xiaohua.
dòu (to tease)	bàba zùi xǐhūan zài chīfànde shíhou dòu dìdi.
zài fànzhūo shàng (at the dinner table; on the dining table)	
	kèrénmen zài fànzhūo shang tánde hěn gāoxìng.
	nǐde nèiben shū zài fànzhūo shàng.
zhūozi (table)	qíng nǐ kànkan, zhūozi shàng yǒu dōngxi ma?
bùdelǐao! (my goodness!)	bùdelǐao! jīntian yǒu kǎoshi; wǒ méiyou yùbèi, zěnmo bàn?
bìanfàn (simple meal)	zài jīali qíng kèren chīfàn jiushi bìanfàn
jǐu (wine; liquor)	xìanzàide rén hē jǐu hēde tài dūo.
Máo-tái (Chinese liquor)	Máo-tái jíu hěn xīong; hěnduo rén bùneng hē
bái jǐu (white wine)	bái jǐu gēn hóng jǐu dōushi chīfànde shíhou cháng hēde jǐu.
pí jǐu (beer)	yǒude rén chīfànde shíhou yídìng děi hē pí jǐu.
xīong (powerful; fierce)	xúeshengmén shūo, xúexiaolǐde xīansheng yǒude hěn xīong érqǐe xǐhūan mà rén. wó xǐang, tāmen shūode búshi wǒ yīnwei wǒ bù xīong yě bú mà rén.
qì shǔi (soda)	háizimén dōu xǐhūan hē qì shǔi.
Láoshān (Láo mountain)	měi nían qù Láoshān lǚxíngde rén hěn dūo.

jǔ bēi (to hold up the glass)   kèrenmén dōu jǔ bēi shūo:"xiexie zhǔren".
fěnsī (rice noodle)   Zhōngguó rén hén xǐhūan chī fěnsī zùode
                                       cài.
ròuwán (meat-balls)   ròuwán zùo tāng hén hǎochī. nǐmen chīgùo
                                       méiyou?
bái cài (Chinese cabbage)   zhèizhóng báicài zài Zhōngguo chéng kéyi
                                       mǎidezháo; biéde dìfang mǎibuzháo.
shīzitóu (Lion's Head)   shīzitóu shi dàde ròuwán gēn báicài yí-
                                       kuar hóngshāode cài.
zùobulǐao (unable to do)   zhèi tíao yú tài dà le;wǒ zùobulǐao.
hóngshāo (dishes cooked in soy sauce)
                                   hén dūo Zhōngguo cài dōu shi hóngshāode.
bíe kèqile! (Don't be so modest!) bíe kèqile! wǒ zhīdao nǐde gōngkè hén hǎo.
hóngshāo yú (fish in soy sauce)   Wáng tàitaide hóngshāo yú zùode zhēn hǎo.
tángcù yú (sweet-and-sour fish)   zhèi tíao tángcù yú lǐde cù tài dūo le;
                                       wǒ bù hén xǐhūan chī.
chǎo níu ròu (sautéed beef)   tā zùode chǎo níu ròu hén hǎochī;lǐtou
                                       yǒu qīngcài háiyou dòuzi.
yùjian (to bump into someone)   jīntian zǎoshang wǒ zài lù shang yùjian
                                       yíwei lǎo péngyou;wǒmen zhànzhe tánle
                                       hén jíu.
nán (male)   Aìhúa yǒu hén dūo nán péngyou kěshi tā
                                       lǎoshi shūo tā méiyou.
nǚ (female)   wǒmen xúexìaoli nǚ xúesheng dūo;nán xúe-
                                       sheng shǎo.
yúanlái (it turns out to be)   wó xiǎng jīntian yǒu kǎoshi;yúanlái méiyou.
línshí (temporary;impromptu)   tā línshí zhǎobuzháo lǚgǔan; jìu dǎ dìanhùa
                                       gěi yíge lǎo péngyou xiǎng zài tāde jīa
                                       zhù yì tīan.
júedìng (to decide)   tā júedìng míngtian bùlái shàng kè.
yǎn (to perform)   zhèige dìanyǐng lǐde yǎnyúan yǎnde zhēn
yǎnyúan (actor;actress)   hǎo.

EXERCISES:
1. Translate the conversation line by line without referring to the
   English translation.
2. Without referrang to the Pīnyīn,repeat the conversation in Chinese
   with the help of the English translation.
3. Two students to recite the entire conversation in front of tne class.

IV. Read the following sentneces and translate into English:
1. Wénshān yào qǐng Àihúa xiān qù chīfàn ránhou zài qù kàn diànyǐng.
2. tāde xínglǐ hěn dūo, shōushíle bàntiān cái shōushi wán.
3. Měiyīng yóu hěn dūo péngyou. yīnwei tā yào qù Shànghǎi le, tāmen jiu jǔxíng yíge wǎnhùi wèi tā jiànxíng.
4. wǒ jiāde diànhùa lǎoshi bùtíngde xiǎng; chàbudūo dōu shi háiziménde péngyou dǎ láide.
5. Wáng tàitai měitian dōu qù xúexiào lǐ jiē tāde háizimén.
6. nǐ búbì sòng wǒ; wǒ zìjǐ hùi zùo gōnggong qìchē.
7. zhèige lǐbài gùode tèbíe kuài; yíxiàzi yòu shi lǐbàiwǔ le.
8. Qián tàitai mǎile hūar sòng gěi Wáng tàitai; nèixiē hūar hěn hǎokàn.
9. Jiāshēng júede bùhǎoyìsi yīnwei tā méiyou qù jiē Zhōnghǎi.
10. zhèibān chē bùshi kuài chē, shi màn chē. nǐ děng xià yìbān ba.
11. wǒ zhǎoláizhǎoqù zhǎobuzháo tíng chēde dìfang.
12. Àihúa gēn Měiyīng tóngshí dàole wǒ jiā.
13. Zhōnghǎi yílu píngānde dàole Shànghǎi.
14. nèige rén hěn súibiàn. tā dàole péngyou jiā, súibiàn chī, súibiàn hē, yìdíar yě bú kèqi.
15. tā jiālǐde rén zhēn dūo; yóu liǎngge bóbo, liǎngge bómǔ gēn yíge shūshu.
16. wǒ xiànzai tài pàngle. wǒ yídìng déi shǎo chī diǎr dōngxi.
17. zhèi zhī jī hěn féi. wǒ xiǎng bǎ tā zùo tāng yídìng hǎochī.
18. nèige rén zhēn tǎoyàn; zùi xǐhūan zài túshugǔan lǐ bíeren kànshūde shíhou shūohùa.
19. yǒude rén shūo xiàohua bíeren xiào; yǒude rén shūo xiàohua bíeren buxiào, tā zìjǐ xiào.
20. māma dùi dìdi shūo, "yàoshi bíeren dǒu nǐ, nǐ jiu dǒu tā; búbì gàosu wǒ."
21. dà háizi zùi xǐhūan dǒu xiǎo háizi.
22. nèige wàigúo xúeshēng zhēn bùdeliǎo; cái xúele yì niánde zhōngwén jiu shūode nènmo hǎo.
23. wǒ zùi xǐhūan dào péngyou jiā chī biànfàn yīnwei chīde zùi shūfu.
24. nèige rén hēle tàiduo jiǔ, lǎoshi bùtíngde xiào.
25. yǒu rén shūo, "chī yúde shíhou yào hē bái jiǔ; chī ròude shíhou yào hē hóng jiǔ." nǐ shūo ne?
26. yǒu rén shūo, "pí jiǔ bùshi jiǔ". wǒ shūo tā shūode bú dùi.
27. Měigúo rén ài chī níu ròu; Zhōnggúo rén ài chī zhū ròu.
28. nǐ xǐhūan chī chǎode cài háishi hóngshāode cài?

- 68 -

29. wǒmen dōu hěn xǐhūan chī tángcùde cài.

30. wǒ cháng yùjian lǎo péngyou kěshi xiǎngbuqǐ tā jiao shénmo; zhēn bùhǎoyìsi.

31. yǒu shíhou wǒ zhēn bù zhīdao xiànzàide rén shéi shi nánren;shéi shi nǚren.

32. yúanlái nǐ shi Zhōngguó rén;wǒ hái xiǎng nǐ shi Měiguó rén ne.

33. jīntiānde wǎnhùi,Aìhúa línshí qǐngle bùshǎo rén.

34. nǐ júedìng míng nían dào Zhōngguó qù ma?

35. nèige yǎnyúan yǎn gùo hěn dūo piānzi; tā yǎnde hěn hǎo,hěn yǒumíng.

V. Say the following sentences in Chinese:

1. After Zhōnghǎi packed his luggage, he went to Jīashēng's house for dinner。

2. Mrs. Wáng made all kinds of dishes for the farewell dinner for Zhōnghǎi.

3. Zhōnghǎi's telephone rang while he was packing his bags.

4. I must go to the train station to fetch Daddy.

5. You don't have to go to the bookstore because I am going there in the afternoon.

6. Time passes so quickly.Now is spring again;the flowers are in bloom again.

7. He is leaving tomorrow morning. Are you going to see him off?

8. The express train leaves at ten o'clock; the local train leaves at eight but they both arrive at Shànghǎi at the same time.

9. The express train does not stop at this station.

10. There are many trains going to the city each morning.

11. We all like to wish our friends a pleasant trip.

12. Please sit anywhere you like.

13. She is as fat as a goose.

14. Mr. Wáng likes to tell jokes.

15. He does not like to talk at the dinner table.

16. Oh my,it is already nine o'clock,(and) I am still in bed.

17. Mrs. Wáng says "This is just an informal meal.Please help yourself.

18. Měiyīng knows how to make 'Lion's Head' and sautéed beef.

19. Did you meet Aìhúa on the way to school? What did she say? Is she coming to the party tonight?

20. He has decided not to attend class this morning because he is not feeling well.

NEW CHARACTERS AND CHARACTER COMBINATIONS:

收拾 (shōu shí) to clean up, to pack 　　做 (zùo) to make, to do

接 (jīe) to fetch, to meet the train 　　胖 (pàng) fat

送 (sòng) to see someone off 　　笑 (xìao) to laugh

不必 (bú bì) not to need 　　酒 (jǐu) wine, liquor

停 (tíng) to stop 　　美 (měi) beautiful

慢 (màn) slow 　　国 (gúo) country, nation

孩子 (hái zǐ) child 　　美国 (Měi gúo) United States

中国 停车 胖人 笑话 喝酒 　　of America

READING SELECTION:

1. 孩子们小的时候，妈妈早上叫他们起来给他们吃早饭还给他们收拾书包，有时候天气
   不好，她就开车送他们上学。

2. 我家离车站就有二里路，走路一会儿就到。 我们的车站有很多车到城里去，都是快
   车。

3. 那个孩子一天到晚饿。 他能吃很多菜跟饭，他的书包里也有很多吃的东西。 他很
   胖，别人都叫他小胖子，可是他也不生气，他就笑。

4. 很多人都爱喝酒，有的人喝了酒爱说外国话，有的人喝了酒爱笑，也有的人喝了酒就
   睡觉。

5. 有一天我看见一个人喝多了酒睡在路上，很多人看见他都笑，他说，"你们笑甚么？
   笑我睡在路上吗？ 这儿就是我的家，酒就是我的好朋友，要是谁笑我，谁就得请我
   喝酒。" 笑的人都不笑了，因为没有人想请他喝酒。

6. 有很多学生因为他们的父母亲爱喝酒，他们也学会了喝酒，有时候他们在家里喝了酒
   来上课，到了学校就想睡觉，功课也不能做了。

7. 他很小的时候，他的父母亲就送他到美国来上学，现在他大了，他的父母亲也来了，
   可是他跟他们不能说话了，因为他就会说英文可是他的父母亲就会说中国话。

8. 有一个人很会说笑话。 他说了笑话，别人会不停的笑可是他不笑。

9. 家生问中海"要不要文山来接你？" 中海说，"不必，不必，我会坐公共汽车，我
   一会儿就来。"

10. 王太太做了很多菜请朋友们吃饭，那天很多人都来了，他们都说王太太的菜做得太好
    了。

NOUN AND NOUN COMBINATIONS:

xiàoyuán	bówùyuàn	huǒchē	shàngwǔ	zhōngwǔ	xiàwǔ
tiānqì	huār	yánsè	hú	shù	liǔshù
jiǎotāchē	zìjǐ	cì	wénfáng	guā	sīguā
xǐguā	huánggūa	kǔguā	ròu	dòuzi	qíezi
báicài	sìjiāo	wēndù	tóu	téng	chuáng
xīn	bìng	yīshēng	yīkē	zhēnduàn	yào
fángzi	xiōngbù	zhēnfèi	xiǎoérkē	lǚkè	lǚguǎn
bóbo	bómǔ	shūshu	é	xiàohuà	fànzhuō
zhuōzi	biànfàn	jiǔ	ròuwán	niúròu	zhūròu
nán	nǚ	yǎnyuán	qìshuǐ	fěnsī	báijiǔ
hóngjiǔ	píjiǔ	yú			

PROPER NOUNS:

Máotái	Láoshān	Zǐrén	Shīzitóu	tángcùyú	hóngshāoyú

MEASURES:

kē (for tree, cabbage)   kē (for medicine tablets)   zhāng (for table, bed)

bān (for scheduled transportation)

ADJECTIVES AND COMPOUND-ADJECTIVES:

yǐshàng	hǎochī	pàng	féi	cháng	bái (color)
lǜ (color)	rè	huài	shūfu	liúzhī	tǎoyàn
zuìhǎo	bú cùo	dàpī	gèzhǒng	

VERBS AND COMPOUND VERBS:

kāi fángzi	kāi chē	qí	juéde	pǎoláipǎoqù	zhǎng
chǎo	língmài	téng	tàng	gōngyīng	shuì
shuìzháo	shēngbìng	xǐng	máfan	zháoliáng	jìnlái
xǐhuān	yuànyì	tīng	fúwù	shōushí	shōu
wèi..jiànxíng	bìděi	bùbì	sòng	sòng dào	tíng
hóngshāo	yùjiàn	juédìng	yǎn	guǎi	

ADVERBS:

zěnmo	nènmo	yìzhíde	wǎng	nándé	wán	zhǐ	shàng
xià	tèbié	cái	dàgài	lǎoshi	cùo	yíxiazi	gèng
búdàn.....érqiě	líkè	yíxiàng	yéxǔ	kuài	màn	ránhòu
zhuānmén	hǎohǎode	tóngshí	súibiàn	línshí	zhèyàng	

EVERYDAY PHRASES AND CHINESE IDIOMS:

yìdíar yě búcùo!   zěnmo bàn?   bùhǎoyìsi.   zhù nǐ yílu píngan.

nènmo hǎochī(hǎowár, hǎokàn).   bùdeliǎo!   bíe kèqile!

REVIEW ON PARTICLES 'bǎ' AND 'de' :

　　　The function of the verb particle 'bǎ' is to place the object before
the verb,in which position the object receives the action from the verb.
It is a very common construction in Standard Speech to express a command or
a request. For example.　　　bǎ shū gěi wǒ (Give me the book.)

or

　　　　　　qǐng nǐ bǎ shū gěi wǒ (Please give me the book)
　　　In this example,the object 'shū' is placed between the particle'bǎ'
and the verb 'gěi'.

　　　　　　qǐng bǎ Zhōnghǎide xínglǐ nádao 401 fángjiān.
　　　　　　(Please take Zhōnghǎi's luggage to room 401.)
　　　In this sentence,although some specifications were added,the basic
　　　pattern remains the same: 'bǎ obj. verb'

Exercise:　Use the 'bǎ' pattern for the following sentences:

1. Please give me the red pencil.
2. Please give him his key.
3. Wénshān,take out this soup.
4. Did you hand in your report?
5. Please go to the bus stop to fetch Zhōnghǎi.
6. He has already taken out those dishes.
7. This morning I did not give him the money.
8. Please take the books to upstairs.

ABOUT 'de':　　Particle 'de' has many functions. Here are three basic ones:
　A. As a possessive:　　　wode,nide,tade
　　　　　　zhèiben shū shi wǒde búshi nǐde yě búshi tāde.
　　　　　　(This book is mine;not yours,also not his.)
　B. To indicate a completed action like suffix 'le': 'de' is
　　　usually used together with 'shì'(verb to be) and is placed at
　　　the end of the sentence after the verb.
　　　　　　tā shì zuótian húiláide.　(He did come back yesterday.)
　　　One may change the above statement into a statement with 'le':
　　　　　　tā zuótian húilái le. (He came back yesterday.)
　　　Although the two statements both inform us when he came back,
　　　the first one makes a slight emphasis on the date while the second
　　　one is just a simple statement.
　C. 'de' as a 'link' between the modifying clause and the noun:
　　　The structure of a Chinese sentence is in some aspects quite
　　　different from an English sentence.　In English we say:

- 72 -

This is the book which I bought yesterday.

In this sentence the subordinate clause 'which I bought yesterday' is placed <u>after</u> the noun 'book'. The same sentence in Chinese would be: zhèi shì wǒ zúotian mǎide shū.

'zhèi shi'(this is) remains at the same position while the modifying clause 'wǒ zúotian mǎide' comes <u>before</u> 'shū'(noun).   In Chinese, the subordinate clause stands <u>before</u> the noun and 'de' is used as a link between the modifying clause and the noun it modifies.

Exercise: Translate the following sentences into Chinese:

1. Whose movie tickets are those on the dining table?

2. This key is not mine;it is hers.

3. Mrs. Wáng did invite Yǒuméi but he could not come.

4. Aìhúa is indeed very tall.

5. Wénshān did eat five dumplings.

6. The red pen which I bought yesterday is not very good.

7. The man who is talking with Zhōnghǎi is Wénshān's father.

8. This afternoon,Zhōnghǎi went to visit those places he previously wanted to visit.

SHUIDEZHǍO,SHUIBUZHǍO   (able to fall asleep, not able to fall asleep)

The patterns:(<u>verb plus 'dezhǎo'</u> and <u>verb plus 'buzhǎo'</u>) can be combined with other verbs such as mǎi,kàn,chī etc.

Use the above patterns for the following sentences:

1.This book cannot be bought anymore in the bookstore.

2.I think we still can get tickets for that film.

3.I looked for a longtime but I still could not find my book.

4.Last night, after I drank tea I could not sleep.

5.Chinese pens cannot be bought in this store.

6.If you still won't go to see this film,then you won't be able to see it.

PǍOLǍIPǍOQÙ(running back and forth) This is an action-repeated expression.

(verb plus'lǎi' verb plus'qù')

<u>Other verbs can be used with this pattern:</u>

Use the above pattern for the following sentences:

1.Měiyīng looked here and there and she still could not find her pencil.

2.The old man walks back and forth in front of my door.

3.She has been talking about the same thing for a long time. We do not want to hear about it anymore.

4.The students are riding their bicycles all over the campus. They are very happy.

READ THE FOLLOWING AND ALSO SUPPLY THE MISSING WORDS:

   guòle yìtiān Zhōnghǎi yílù píngānde huídàole Shànghǎi. tā dàole
huǒchēzhànde shíhou, tā kànjian Zhāng tàitai dàizhe liǎngge háizi dōu lái
jiē tā le. tāmen dōu gāoxìng jíle. zài lù shàng, tāmen bùtíngde wèn tā:
tā dào Běijīngde shíhou shéi qù jiē tā; tā zhù zài shénmo lǚguǎn; zài Běi-
jīng cānguānle shénmo dìfāng; kànjianle shénmo péngyou; chīle xiē shénmo
hǎo cài; Běijīngde tiānqì hǎobuhǎo. Zhōnghǎi shuō: " wǒ yǒu yìdiǎr lèi. ràng
wǒmen xiān huíjiā hē yì bēi chá, wǒ zài mànmànde gàosu nǐmen ba.

   tāmen dàole jiā yǐhòu, Zhāng tàitai jiù ná le yìbēi chá lái. Méiměi
shuō: "bàba, kuài gàosu wǒmen; wǒmen děngzhe tīng ne." Zhōnghǎi shuō: "dì-yī
tiān wǒ dàole Běijīng huǒchēzhàn _____ jiù lái jiē wǒ. _____ méiyǒu
lái yīnwèi tā yǒu shì bùnéng lái. _____ péi wǒ dàole Běijīng _____.
wǒ zài nèr xiūxile yìhuǐr jiù gēn _____ dào tā jiā qù chīfàn. dì-èr tiā
wǒ jiù qù cānguānle _____ guǎngchǎng gēn _____ táng. yīnwèi
bówùyuàn yě zài guǎngchǎng shàng, wǒ yě cānguānle zhèige bówùyuàn. wǒ zǒude
hěn lèi kěshi zhèige bówùyuàn zhēn zhídekàn. nǐmen yǐhòu qù Běijīngde
shíhou yídìng děi qù kàn. _____ táng dà jíle. lǐtou hái yǒu yíge hěn
dàde fàntáng yǒu wú bǎi zhāng zhuōzi; měi zhāng zhuōzi kéyi zuò shíge rén.
zhèyàng wǔ qiān (thousand) wèi kèren néng tóngshí yíkuàr chīfàn. nǐmen
zhīdào zhèige fàntáng shì zhuānmén wèi zhāohū dào Běijīng lái kāihuìde
rénmínde hái yǒu dào Zhōngguó láide wàiguóde guìkè xiàng Měiguode Jíxīnggé
xiānsheng jiù shì cháng kè. tā yǐjing zài zhèige fàntáng chī gùo hěn dūo
cì fàn le." Zhāng tàitai shuō: "wǒ tīngshuō tā hěn xǐhuan chī Zhōngguó fàn.
dàgài Jíxīnggé xiānsheng zài Měiguó yě yǒushíhou chī Zhōngguó fàn ba." Dìdi
shuō: "tā zài Měiguó yě chīdezháo Zhōngguó fàn ma?" Méiměi shuō, "Dìdi, nǐ
shénmo dōu bùzhīdào! Měiguó yǒu hěn dūo Zhōngguó fànguǎn ne." Dìdi shuō:
"Jí xiānsheng yídìng cháng chī Zhōngguó fàn; yīnwèi tā hěn pàng." Méiměi
shuō: "ài chī Zhōngguó fàn jiù huì pàng ma? zhēn xiàohuà. nǐ kàn, māma pàng
ma? bàba pàng ma? wǒ pàng ma? jiù shì nǐ yíge rén pàng. bùshi yīnwèi nǐ
chī Zhōngguó fàn; shi yīnwèi nǐ chīfàn chīde tài dūo." Zhōnghǎi shuō: "hǎole
wǒ yě è le; xiǎng chī fàn le. děng wǒ chīle fàn zài shuō Běijīng ba."

   zài fànzhuō shàng, Zhōnghǎi gàosu tāmen tā hái qù cānguānle _____
dàxué; zài tāde lǎo péngyou _____ _____ jiā chī zhōngfàn. tā shuō: "zhèige
dàxué bǐ yǐqián wǒ zài nèr shàng xuéde shíhou gèng dà le; yǒu hěn dūo dà
gāolóu gēn tǐyùguǎn. nàtiān xiàwǔ, tiānqì hěn hǎo, wǒmen hái dào fùjìnde yíg
gōngshè qù cānguān. nèige gōngshè jiào _____. nǐmen tīngshuō le ma? zhè
ge gōngshè jiù zhòng _____ gēn _____; yìnián sìjì dōu yǒu. dōngtiānde

- 74 -

shíhou yé yǒu yīnwèi tāmen yǒu _____. zhèyàng shúiguǒ gēn qīngcài jìu
zhǎngde hǎo yě búhùi hùai." Méiměi shūo:"bàba, nǐ qùle Chángchéng le ma?"
Zhōnghǎi shūo:"wǒ shàngge lǐbài lìu qù le. nà tīan wǒ hái yùjìan Zǐrénde
nǔ háizi Aìhúa. tā gēn yíge nán tóngxúe yě zài nèr wár. wǒmen zài Wáng
jīa chīfànde shíhou, wǒ gàosu dàjīa le. tā jìu júede hěn bùhǎoyìsi. Wáng
jīade nán háizi Wénshān yě bú tài gāoxīng le. wǒ xiǎng, Wénshān dàgài yǒu
yìdíar xǐhūan Aìhúa. kěshi tīngshūo Aìhúa yǒu hěn dūo péngyǒu." Zhāng tàitai
shūo:"háiziménde shì shéi zhīdao ne? wǒ jìu zhīdao shíhou gùode tài kùai.
tāmen dōu dà le, wǒmen yě lǎo le." Dìdi shūo:" wǒ bú dà; nǐ yě bù lǎo. māma,
nǐ kànzhe hái hěn níanqīng ne." Zhāng tàitai shūo:"Dìdi, xìexie nǐ."

TRANSLATE THE FOLLOWING PARAGRAPHS INTO CHINESE:

1. The Evergreen Commune is at the western suburb of Peking. The distance
   between Peking and the commune is about twelve or thirteen miles. It
   takes approximately forty-five minutes by bus. In that commune they grow
   vegetables and fruits. Since they have a green house, they are able
   to grow their vegetables and fruits in winter. The members work to-
   gether(and) sometimes also eat together in their big dining hall. Some
   old folks live with their family and some who do not have any family, live
   together.

2. When Zhōnghǎi was leaving Peking, he went shopping. There were so many
   things in the store and he did not know what to buy. He wanted to buy
   for his children something that cannot be bought in Shanghǎi and he
   looked and looked but could not decide. Later, he bought for them a
   manegerie of little chicks, fish, horses and lions all made of stone.

DESCRIBE IN CHINESE: How did Zhonghai become sick; What did he suffer from;
   which doctor came to examine him; how did the doctor examine him;
   what temperature did he have and whether the doctor prescribed any
   medicine.

CHARACTER REVIEW:

LESSON XXI:　　　就春夏秋冬站气肉瓜水果温度社

LESSON XXII:　　病痛睡床别姓觉快医凉甚么时候能着

LESSON XXIII:　　收拾接送必停做胖笑酒国美孩子

CHARACTER COMBINATIONS:

西瓜	温度	收拾	送孩子	学开车	买东西去
冬瓜	生病	接车	去上学	常不来	不能停车
水果	病痛	送人	快看书	公社好	做甚么饭
青菜	医生	就来	别睡觉	大家忙	买中国菜
天气	孩子	马路	爱喝酒	吃西瓜	睡在床上
生气	儿子	停车	常生病	在夏天	甚么时候
春天	中国	不能	别生气	冬天凉	水果好吃
夏天	美国	别叫	好天气	别生病	看医生去
秋天	胖子	睡觉	没时候	快回家	生甚么病
冬天	做饭	甚么	姓甚么	车站远	吃不下饭
公社	笑话	不必	做功课	学校近	美国孩子
车站	喝酒	得去	去开会	美国人	中国母亲
					不好意思

READING SELECTION:

1. 夏天的时候西瓜很多，人人都爱吃因为西瓜的水多。　冬瓜也很好吃可是冬瓜不是水果是青菜，中国有很多，美国不太多，可是在中国城也买得到。

2. 图书馆里常有很多学生说话不看书，有时候他们坐在那儿还说笑话，别人也不能看书了。

3. 北京的春天跟秋天都很好，有很多人都在这个时候到北京去玩儿。

4. 四季青公社的青菜跟水果在北京的城里都能买到，因为他们的青菜跟水果好，买的人很多，一下子就没有了。　要是你也想买四季青的菜，你要在早上很早起来去买。

5. 有很多人说他们太胖了得少吃东西，他们就不吃早饭也不吃中饭，到了吃晚饭的时候他们就吃很多饭跟菜喝很多酒跟茶，因为他们一天不吃饭太饿了。 你说，他们是不是少吃了东西？

6. 那个孩子不好好的吃饭，爱吃别的东西，常生病，病了就不能上学，功课也不好。医生来看他，医生说，"从今天起你要好好的吃饭，不要在饭前吃别的东西，那你就能天天上学了。" 孩子说，"我想，我还是生病吧，因为我不要上学，也不要做功课。"

7. 因为爱华跟别人出去玩儿了，文山很生气。 爱华跟他说话，可是他不想跟爱华说话。他说他的头痛，就离开大家走了。

8. 中海从上海来北京的时候，家生因为教书没有去接他，觉得很不好意思，中海从北京走的时候，家生跟王太太都去送他了，他们问他甚么时候再来，请张太太跟孩子们一块儿来。

9. 在美国中国人很多，中国饭馆也很多，他们的菜都做的很好，也会做上海菜跟北京菜。我们也常到饭馆吃饭，在饭馆里，有时候也看见很多朋友。

10. 有一天文山在学校里觉得头很痛，很累，不想吃中饭，朋友们说，"文山，你看上去不太好，你还是回家吧。" 一个朋友说，"我家离你家不很远，我送你回家吧。" 他们一块儿坐公共汽车的时候，文山说，"我想，你先送我去看马医生，他就离我家很近，因为我觉得头很痛，看了医生就回家睡觉，要是我先睡觉，我想我就不能起来了。"

11. 爱喝酒的人看见酒就想喝，你们看见在马路上睡觉的喝酒朋友了吗？ 他们一天到晚喝了酒就睡觉，睡了觉又喝酒，你们觉得他们很可笑吗？ 他们都是生了喝酒病的病人。

12. 在美国有汽车的人很多，会开车的人也很多。 汽车走得很快，一下子从城外就到了城里，一下子从城里回到城外，可是有时候到了城里不能停车，那就很头痛了，在那个时候，你就想"还是坐公共汽车好！"

13. 在晚上你喝了茶能睡觉吗？ 有时候我喝了茶不能睡觉，就起来看书，要看很久，有时候到了早上觉得累了想睡了，可是得起来了。

14. 朋友生病时候要是你去看他，就坐在那儿看他想要甚么，想吃甚么，想喝甚么，给他收拾他的床跟东西。 别跟病人说太多话，也别跟一块儿来的朋友说笑。 因为病人会觉得累，可是他不好意思说。

15. 一天钱爱华在家开了一个晚会，她一共请了二十个朋友。 她请妈妈做了很多菜，她还买了酒，汽水跟水果。 那天晚上吃饭的时候就有三个人喝酒，别的人都不会喝酒就喝汽水，那三个喝酒的朋友都喝多了，一个人不停的说英文，一个人不停的笑，还有一个人就睡觉，朋友们都觉得他们很可笑，钱太太说，"爱华，快给他们喝茶吧，喝了茶，一会儿就好了。"

16. 有一个卖菜的人常在我家外头卖菜，他来的时候，很多太太们都出来买，他的菜很好水果也大，夏天的时候他的汽车里都是大西瓜，一块钱一个，因为不贵，大家都买，一下子就都卖了。

17. 小孩子们吃饭就爱吃肉，不爱吃菜，父母亲要教孩子们多吃青菜，水果，不能就吃肉肉吃太多了，不好。

18. 中海回到上海家中觉得很累，睡了一天，第二天大学开学了，他就回到学校去教书。那天的天气很好，学校离中海家很近，他就没有坐车，走路去，在路上看见不少他的学生，中海就跟他们一路说话的走到了学校。

19. 那天王家生给中海送行的时候，文山说他的头很痛也不想跟爱华说话因为他生气了。第二天爱华在学校里看见文山，她问文山，"今天你的头还痛吗？ 要不要跟我一块儿到图书馆去做功课？ 要是你的头还痛，你就不必去了。" 文山看看爱华，他笑了，他说，"爱华，今天我的头好了，不痛了，我们一块儿去吧。"

20. 这本书里的北京你们觉得好吗？ 你们也想去中国玩儿玩儿吗？ 要不要去看看这本书里的朋友们请他们跟你一块儿到四季青公社去看看；到北京大学去玩儿玩儿？ 要是你去，你就春天的时候去，因为那个时候天气好。

PPENDIX

FUN WITH RHYTHM

The following exercises provide more rhythm drill for students already familiar with the rhythm drill in the "Chinese For Beginners". They may be adapted for classroom performance and used as games.

In a performance, the students form a 'speaking chorus' with the teacher as the 'conductor'. The students will recite the lines in unison to the tempo indicated by the teacher. This format may be varied for effects. For example: one or two students may be singled out to speak a 'solo line' followed by the chorus repeating the same line in unison; or a group of students may ask a question and another group answer it. A pair of clappers, a small gong or a drum may also be used to stress the rhythm and to add to the excitement of the performance.

XĪANSHENG NÍN GUÌXÌNG?

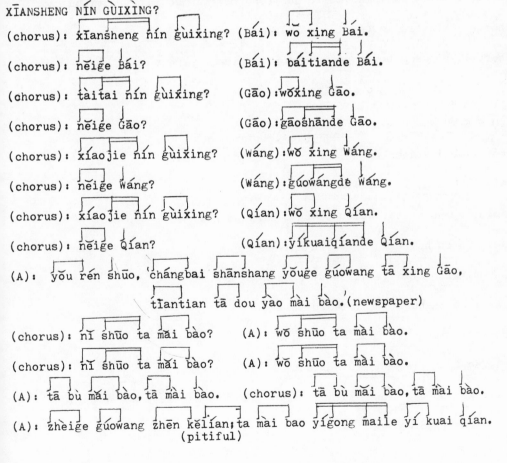

(chorus): xīansheng nín guìxing? (Bái): wo xing Bai.

(chorus): něige Bái? (Bái): báitiande Bái.

(chorus): tàitai nín guìxìng? (Gāo): wǒxing Gāo.

(chorus): něige Gāo? (Gāo): gāoshānde Gāo.

(chorus): xíaojie nín guìxìng? (Wáng): wǒ xing Wáng.

(chorus): něige Wáng? (Wáng): gúowángde Wáng.

(chorus): xíaojie nín guìxìng? (Qían): wǒ xing Qían.

(chorus): něige Qían? (Qían): yíkuaiqíande Qían.

(A): yǒu rén shūo, chángbai shānshang yǒuge gúowang tā xing Gāo,

tīantian tā dou yao mǎi bào.(newspaper)

(chorus): nǐ shūo ta mǎi bào? (A): wǒ shūo ta mǎi bào.

(chorus): nǐ shūo ta mǎi bào? (A): wǒ shūo ta mǎi bào.

(A): tā bù mǎi bào, tā mǎi bao. (chorus): tā bù mǎi bào, tā mǎi bào.

(A): zhèige gúowang zhēn kělían; ta mǎi bao yígong maile yí kuai qían.
(pitiful)

- 79 -

(chorus): ou-, zhēn kělían, zhēn kělían, ta mǎi bao yígong maile yí kuai qía

zhēn kělían, zhēn kělían, ta mǎi bao yígong maile yí kuai qía

(chorus): tā shi Měiguode gúowang ma? (A): tā búshi, tā búshi.

(chorus): tā shi Yingguode gúowang ma? (A): tā búshi, tā búshi.

(chorus): tā shi Zhōngguode gúowang ma?(A): yě búshi, yě búshi.

(chorus): tā shi něiguode gúowang? } (A): tā shi Eguode gúowang. }
(Russian)

(chorus): tā shi Eguode gúowang! yúanlai tā shi Eguode gúowang!

yúanlai tā shi Eguode gúowang! {

(chorus): tā dà ma? (A): tā bú dà. (chorus): tā gāo ma?(A): tā bù gāo.

(chorus): tā xīao ma?(A): tā yě bu xīao.

(chorus): gúowang bú dà ye bu xīao; ta jiushi yige bù gāo bú dà ye bu

xīaode E guo gúowang.

SHŪO SHÉNMO HUA?

(chorus): Bái xiansheng huibuhui shuo Zhōngguo hùa?

(Bái): wǒ bu hùi.   (B): tā bu hùi.

(chorus): Gāo taitai huibuhui shuo Yingguo hùa?

(Gāo): wǒ bu hui   (B): tā bu hùi.

(chorus): Qían xíaojie huibuhui shuo Eguo hùa ?

(Qían): wǒ bu hùi.   (B): tā bu hùi.

(chorus): nǐmen hùi shuo shénmo hùa?

(Bái, Gāo, Qían): wǒmen jiu hùi shuo Měiguo hùa.

(all): Měiguo hùa zhēn hǎotīng; Měiguo hùa yòu hao xúe. wǒmen dàjia

dūo shuo Měiguo hùa.

MÁO BǏ

(C): nǐmen kàn,- Wáng xiansheng názhe yìzhi bǐ!

(chorus): shénmo bǐ?   (Wáng): máo bǐ. (Chinese brush)

(chorus): shénmo máo?   (Wáng): yáng máo.(fleece)

(chorus): shénmo yáng?   (Wáng): shān yáng. (mountain goat)

(chorus): shénmo shān?   (Wáng): xǐao shān.   (small mountain)

(all): xǐao xiao shānshang shānyang pǎo;shānyang tóushang yǒu yangmáo.

(A,B): jianxia yángmao zùo maobǐ.
     (cut off)
(all): máobi hao,maobi hao;naqi máobi hùa zhi xǐao hei máo. (black kitten)
                                        (draw)

- 81 -

第　丿　亻　丿亇　丿亇　丿竹　竹　笁　笁　第　第

晚　丨　刀　月　日　日'　日'　日''　日^　昤　晚　晚

会　丿　人　亼　仝　仝　会　会

说　丶　讠　讠　讠'　讠'　说　说　说　说

话　丶　讠　讠　讠'　讠'　讠'　话　话

学　丶　丷　丷'　丷''　'''　学　学　学

意　丶　二　亠　亠'　立　产　音　音　音　音　意　意

思　丨　冂　冂　用　田　田　思　思　思

父　丶　八　父　父

母　乚　乌　母　母　母　母

亲　丶　二　亠　亠'　立　立　辛　亲　亲

教　一　十　土　耂　耂　考　孝　孝'　孝乚　教　教

因　丨　冂　冂　因　因　因

为　丶　丷　为　为

跟　丨　冂　口　口'　口'　足　跟'　跟'　跟'　跟　跟　跟

现　一　二　干　王　玎　现　现　现

位　丿　亻　亻'　亻'　位　位　位　位

- 82 -

里 丨 冂 冃 日 甲 甲 里
外 丿 夕 夕 列 外
头 丶 二 э 头 头
玩 一 二 千 王 ノ 玑 玑 玩
青 一 二 丰 丰 丰 青 青 青
季 丿 二 千 禾 禾 季 季 季
住 丿 亻 亻 亻 仁 仁 住 住
从 丿 人 从 从
远 一 二 亍 元 远 玩 远
近 丿 亻 斤 斤 近 近 近
城 一 十 土 圹 圹 圹 城 城 城
离 丶 亠 亡 文 区 卤 卤 离 离 离
得 丿 夕 彳 彳 彳 彳 彳 得 得 得
东 一 七 左 东 东
西 一 冖 冂 两 两 西

爱　　ノ ハ ハ パ 灬 灬 兕 受 爱 爱

华　　ノ イ イ 化 华 华

路　　ヽ ロ ロ ロ 呈 足 足' 趵 趵 路 路 路

谢　　ヽ 讠 讠 讠 讠 讱 讱 谢 谢 谢

馆　　ノ ハ 人 欠 欠' 邙 邙 馆 馆 馆 馆

店　　ヽ 亠 广 广 庁 庁 店 店

校　　一 十 才 木 木' 术 术 杧 栉 校

回　　丨 冂 冂 冋 回 回

图　　丨 冂 冈 肉 肉 肉 图 图

开　　一 二 チ 开

功　　一 丁 工 功 功

课　　ヽ 讠 讠 讠 讠 讠 讯 课 课 课

常　　ヽ ハ ル 灬 栄 栄 尚 常 常 常

可　　一 丁 可 可 可 可

- 84 -

就　丶一亠市古亨京京京-就就就
春　一二三丰夫夫春春春
夏　一丆丅丏百百頁夏夏
秋　丶二千禾禾利秋秋
冬　丶夕冬冬冬
站　丶二亠立立立站站站
社　丶ラ礻礻礻社社
气　丿仁气气
肉　丨冂内内肉肉
瓜　丶厂瓜瓜瓜
水　丨刂水水
果　丶冂曰曰旦甲果果
温　丶丷氵氵氵氵沪沪渭渭温温
度　丶二广产庄庍度度

病　丶　亠　广　疒　疒　疒　疒　病　病　病

痛　丶　亠　广　疒　疒　疒　疒　疒　病　痛　痛　痛

睡　丨　刀　月　月　目　目　目　盯　盰　眭　睚　睡　睡

觉　丶　丷　丷　丷　丷　宀　兴　学　觉　觉

床　丶　亠　广　广　庄　庄　床

别　丨　口　马　另　另　别

凉　丶　丷　冫　冫　冫　冹　泸　凉　凉

什　丿　亻　亻　什

么　丿　厶　么

时　丨　刀　月　日　日一　时　时

候　丿　亻　亻　亻　伫　伫　伝　候　候

快　丶　丨　忄　忄　忟　快　快

医　一　丆　匸　三　乒　医　医

能　厶　厶　夂　夂　肖　肖　能　能　能

着　丶　丷　丷　丷　兰　羊　羊　着　着　着

收　　ㄴ ㄐ ㄐ丿 �605 �605 收
拾　　一 扌 扌 扔 扒 拾 拾 拾 拾
接　　一 扌 扌 扩 扩 护 护 接 接 接
送　　丶 丷 丷 丷 羊 关 关 送 送
必　　丶 丷 丷 必 必
停　　丿 亻 亻 佇 佇 倍 倍 停 停 停 停
慢　　丶 丷 忄 忄 忄 忄 忄 忄 慢 慢 慢 慢 慢
孩　　乛 了 子 子 孑 孑 孙 孩 孩 孩
子　　乛 了 子
做　　丿 亻 亻 什 什 佑 佑 估 估 做 做 做
胖　　丿 刀 月 月 月 月 月 月 胖 胖
笑　　丿 丿 亇 竹 竹 竹 竹 竿 竿 笑
酒　　丶 丷 氵 氵 汀 沔 沔 洒 酒 酒
美　　丶 丷 丷 丷 羊 羊 羊 美 美
国　　丨 冂 冂 冂 用 用 国 国

- 87 -

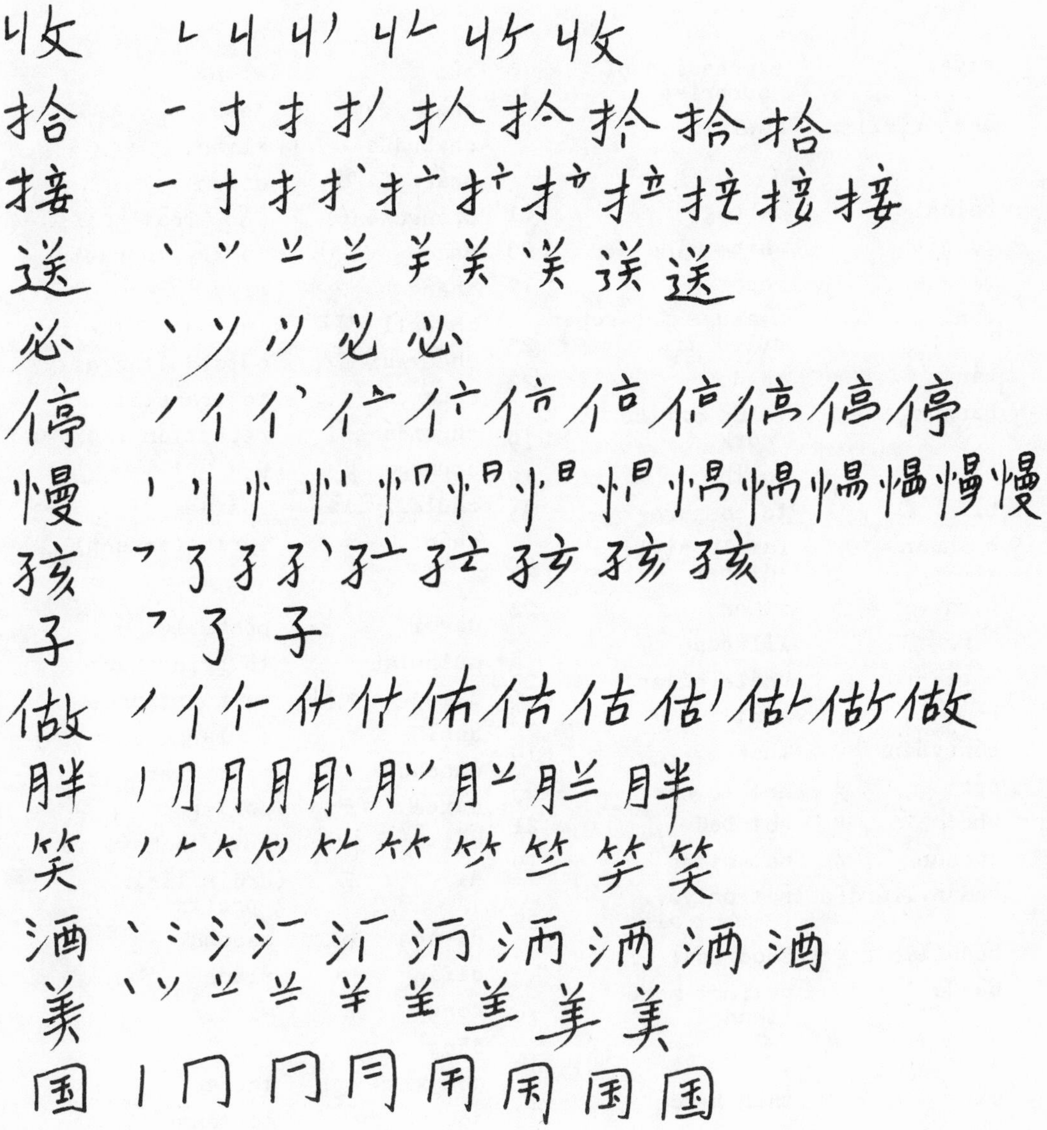

VOCABULARY

The following Pīnyīn words are listed alphabetically together with the characters which appear in this volume. The numbers on the right indicate the lessons in which the words first appear.

A

aīyā!	expression of surprise		19
ā-sī-pī-líng	aspirin		22

B

báicài	cabbage		21
báijiǔ	white wine		23
bàogào	report		17
bān	measure for scheduled train etc.		23
bàn	to do		22
bàngōng	to do office work		19
běi	north		19
bǐ	to compare		21
biànfàn	family style dinner		23
bíede	别的	other	22
bìng	病	illness	22
bóbo	uncle(elder)		23
bómǔ	aunt		23
bówùyuàn	museum		19
búbì	不必	not to need	23
búcuò	not bad		21
bùcháng	不常	not often	19
búdàn...érqiě	not only...but also		22
bùdéliǎo	不得了	Goodness!	23
búguò	but;not more than		17

C

cái	thus,hence		21
cǎodì	lawn		19
cì	number of times		22
cù	vinegar		23

cùo	wrong		21
chà	less		18
chàbudūo	almost		18
cháng	常	often	18
Chángchéng	The Great Wall		19
chǎo	to fry,to sauté		21
chéng	城	city	18
chénglǐ	城里	inside of the city	18
chéngwài	城外	outside the city	18
chuándá	to transmit		19
chuándá shǐ	reception room		19
chuáng	床	bed	22
chúle..yǐwài	besides		18
chūn	春	spring(season)	18

D

dàgài	probably		22
dàihuiqù	to bring back		21
dàmén	大门	main entrance	18
dàpī	in large quantity		21
dàochù	everywhere		18
dàxué	大学	college	17
děi	得	must, to have to	18
dì	第	(ordinalizing prefix)	17
dì-èr	第二	second	17
dìfāng	place		18
dōng	冬	winter	18
dōng	东	east	17
dōngxi	东西	things	17-18
dòu	to tease		23
dòuzi	bean		21
dù	度	degree of temperature	21
duìle	correct		17

- 88 -

é | goose | 23

E

F

fāngzi	prescription	22
fànhòu	after a meal	22
fànqían	before a meal	22
fāshāo	to have a fever	22
féi	fat(to describe an animal)	23
fěnsī	rice noodle	23
fēnzhŏng	minute	18
fùjìn	vincinity	19

G

gàosu	to tell	18
gāoxìng	happy	17
gèchù	everywhere	19
gèng	still more	21
gèzhŏng	all kinds	21
gōng	palace	19
gōngshè 公社	commune	18
gòngyīng	to supply	21
gūa 瓜	melon; squash	21
gùa	to hang	21
gŭai	to turn	19
gŭan 馆	establishment	19
gŭan zhăng	director of an establishment	19
Gùgōng	Imperial Palace	19
gŭo 果	fruit	21
gùo	to pass by	17
gùolái	to come over	21

H

hăode kùai 好的快	to get well fast	22
háohăode 好好的	pleasantly	23
háojĭge	quite a few	18
hăowár 好玩儿	fun; cute	18
háozŏu 好走	take care!	19

- 89 -

hóngshāo	dish cooked in soy sauce	23
hòubīar(hòutóu)	behind; in back	19
hú	lake	21
hùai	rotten, bad	21
húanggūa	cucumber	21
hūar	flower	21
hùi 会	to know how	21
húijīa 回家	to return home	17
hŭochē	train	19
hŭochēzhàn	train station	23

J

jīanxíng	farewell dinner	23
jīao 教	to teach	17
jīao	to hand in	17
jīao gĕi	to hand over to	17
jīaomén 叫门	to knock on door	22
jīao shū 教书	to teach	17
jĭaotāchē	bicycle	21
jìe	to borrow	19
jìn 近	near	18
jìn	to enter	19
jīnggùo	to pass by	19
jĭshēng	a few times	22
jĭu 酒	wine; liquor	23
jìushì 就是	indeed	18
jŭ bēi	to lift up the glass	23
júede 觉得	to feel	22
júedìng	to decide	23

K

kāi 开	to open	19
kāi fāngzi	to write a prescription	22
kāi xúe 开学	to begin a school term	19
kăoshì	examination	17
kē	(measure for tree and cabbage)	21

késou		to cough	22	máfán		to bother	22

késou — to cough — 22
kēxúe — science — 18
kēxúe yùan — science institute — 18
kùai 快 — fast — 23
kǔgūa — bitter melon — 21
kǔngpà — for fear of — 17

L

láigùo — to have been to — 17
lǎo — old — 19
Lǎoshān — name of a mountain — 23
lǎoshì — always, habitual — 21
lí 离 — distance from — 18
lǐ 里 — mile — 18
liáng — to measure — 22
liáng 凉 — cool — 22
liǎng — two (a couple of) — 19
liǎng bīar — both sides — 19
líkāi 离开 — to leave — 19
lìkè — immediately — 22
língmài — to retail — 21
lìngwài — other than this — 22
línshí — temporary — 23
lìshǐ — history — 19
lìshǐ bówùyùan — museum of history — 19
liǔshù — weeping willow — 21
líuzhī — liquid — 22
lóu — tall building — 19
lóushàng — upstairs — 19
lóuxìa — downstairs — 19
lù 路 — road — 19
lǚgǔan — hotel — 22
lǚkè — traveler — 22
lǜsè — green color — 21

M

máfán — to bother — 22
màipìao yúan — ticket seller — 18
màn — slow — 23
Máotái jǐu — a Chinese liquor — 23
měi 美 — beautiful — 19
Měigúo 美国 — USA — 19
Měiyīng 美英 — a given name — 19
míngbái — to understand — 19
mǔqīn 母亲 — mother — 17

N

nà — in that case — 18
nán — south — 19
nán — male — 23
nándé — rarely — 19
nàxīe — those — 21
nènmo — in that way — 23
níu — cow; ox; bull — 23
níu ròu — beef — 23
nǔ — female — 23

P

pàng 胖 — fat (to describe a person) — 23
pǎo — to run — 21
pìanzi — film — 17
pìao — ticket — 18
píngān — safety — 23
pínggǔo — apple — 18
pí jǐu — beer — 23

Q

qí — to sit astride on a horse or bicycle — 19
qíantou — in front of — 18
qíao — bridge — 19
qíezi — eggplant — 21
qīng 青 — green; blue — 18
qīngcài 青菜 — (green) vegetable — 18

Qīnghúa		name of a well-known university	18
qìshǔi	汽水	soda	23
qīu	秋	autumn	18

R

ràng		let;yield	19
ránhòu		afterwards	19
rènshi		to know; to recognize	17
ròu	肉	meat	21
ròuwán		meat ball	23

S

shàng chē	上车	to board a vehicle	18
shàng cì		last time	23
shànglóu		to ascend the stairs	19
shàng wǔ		forenoon	19
shè	社	association	21
shēng bìng	生病	to become sick	22
shénmode	甚么的	et cetera	21
shèyúan		member of an association	21
shǐ		room	19
shì		matter; job; work	17
shīfàn		teachers'college	18
Shísānlíng		13 Ming Tombs	19
shítou		stone	18
shīzi		lion	18
shīzitóu		Lions Head(a dish)	23
shōu	收	to accept	22
shōu dào	收到	to receive	22
shōushi	收拾	to clean up	23
shù		tree	21
shūfu		comfortable	21
shùi	睡	to sleep	22
shúiguǒ	水果	fruit	18
shùijìao	睡觉	slumber	22

shùizháo		to fall asleep	22
shūo	说	to say	17
shūohùa	说话	to speak	17
shūshu		uncle(younger)	23
sīgūa		green squash	21
sìjì	四季	the four seasons	18
sìjīao		suburb	21
Sìjìqing	四季青	Evergreen(name of a commune)	18
sòng	送	to send; to see someone off	23
súibìan		as one pleases	23
súoyǐ		therefore	21

T

tǎng		to lie down	22
tángcù		sweet and sour	23
tǎoyàn		annoying	23
tèbíe		especially	21
téng	痛	ache,pain	22
tīanqì	天气	weather	21
tíao		(measure for road and fish)	23
tīng		to listen	22
tíng	停	to stop	23
tīngshūo		hearsay	17
tǐyù		physical educ.	19
tǐyùgǔan		stadium,gym	19
tóu	头	head	22
tùi		to recede	22
tùi shāo		the fever recedes	22
tòngkùai		to enjoy fully	17
tóngshí		simultaneously	23
tóngxúe		schoolmate	17
tōngzhī		to notify	19
túshū	图书	pictures and books	19
túshūgǔan	图书馆	library	19
túshūgǔanyúan		librarian	19

Zhào		surname	19	zhōngtóu		clock hour	17
zháo liáng	着凉	to catch a cold	22	zhù	住	to live, to stay	18
zhèi cì		this time	23	zhù nǐ ... 'yílù píngān'		wishing you 'a safe journey'	23
zhěnduàn		diagnosis	22	zhuānmén		exclusively	22
zhěnfèi		physician's fee	22	zìjǐ		oneself	21
zhèng zài		just at this moment	17	zuǒ		left side	19
zhèyàng		in this manner	21	zuò	做	to do, to make	19
zhī		(measure for animal)	23	zuòbuliǎo	做不了	unable to do	23
zhǐ		only	21	zuótian		yesterday	17
zhíde		worth while	18				
zhídekàn		worth seeing	18				
zhòng		to plant	19				

EVERYDAY PHRASES AND CHINESE IDIOMS:

ní zěnmo shūo a?	What do you say?
zěnmo zǒu?	How do I go?
zěnmo yàng?	How about it?
ní zěnmo zhīdao?	How did you know?
wèi shénmo?	Why?
nándé jìan.	We hardly see each other.
yìdǐar yě búcùo.	Exactly.
zěnmo bàn?	What shall I do?
bù hǎo yìsi.	Embarrassing.
budéliǎo!	My goodness!
nènmo hǎochī.	So delicious.
bíe kèqile!	Don't be so modest! Don't stand on ceremony.

CONVERSATION TEXTS IN CHARACTERS:

会话第十七课　打电话

第二天钱爱华正在吃早饭，文山就打电话来了。

文山：喂，爱华，早，你已经起来了吗？

爱华：早，我早就起来了。　昨天晚上回家不太晚吧？

文山：不晚，昨天的晚会真好。　我玩儿的真痛快，还认识了不少朋友，我父母亲也
　　　玩儿的很高兴。

爱华：对了，爸爸说，你们的朋友张中海很有学问，跟他说话有意思极了。　听说他
　　　在上海一个大学教书，现在来北京游历，是吗？

文山：对了，他是父亲大学时候的同学。　以前没有来过北京，现在来北京游历，游
　　　历。　啊，爱华，昨天晚上我要请你看电影的事，你怎么说啊？　这个礼拜的
　　　电影很好。　很多人看过了都说好极了。

爱华：我也听说这个片子很好。　不过这个礼拜六我恐怕不能陪你去，因为我要考试
　　　还要写两个报告。

文山：你什么时候考试？　哪天交报告？

爱华：两个礼拜以后。

文山：两个礼拜以后！　你现在就预备，真用工。　去看电影不过两三个钟头。　还
　　　是去吧！

爱华：真的不能去，礼拜六我还要陪我母亲去买一点儿东西，再过两个礼拜我跟你去，
　　　好吗？　谢谢。

文山：好吧，我再给你打电话，再谈。

爱华：再谈。

会话第十八课　在公共汽车上

一天，张中海坐公共汽车到北京大学去看朋友。　他在公共汽车上跟卖票员谈话。

张：一张票到北京大学，多少钱？

卖：三毛钱。

张：请问，这儿离北大远吗？

卖：不远，可是也不很近，这儿是城里，北大在城外。　差不多十二，十三英里。

张：这儿离北大就有十二，十三英里吗？　那不远啊。　公共汽车要走四十五分钟吧？

卖：差不多。　有时候上车的客人少，四十分钟就到了。　您在北大教书吗？

张：不，我是去看朋友，我在上海教书，现在来北京玩儿。

卖：好极了。　希望您多住几天，到处玩儿玩儿。

张：这儿还有什么好玩儿的地方吗？

卖：有很多。　离北大不远还有好几个大学：清华；师范；人民；还有科学院。　都
　　很大，学生都很多。

张：除了学校以外，还有什么值得看的地方吗？

卖：啊—有。　有一个人民公社叫"四季青"的也很值得看。

张：那个公社都种些什么？

卖："四季青"顾名思义就知道是四季常青了。　他们的水果跟青菜，春，夏，秋，
　　冬四季都有。　又大，又好，那儿的西红柿大的跟苹果一样，真好极了。

张：哦，那我一定得去看看。　谢谢您告诉我。

卖：不谢，先生，您看前头那个有两个石头狮子的大门就是北京大学，您下车吧！
　　再见。

张：谢谢您，再见。

会话第十九课

㈠ 在北京大学

张中海下了公共汽车就走到一个红的大门前头。大门的两边儿有两个石头狮子。中海走进门以后就到传达室去登记。

服务员：先生，您找谁？

张中海：我想看一位赵友梅先生。

服　：是图书馆馆长赵先生吗？

张　：是。

服　：让我看看他是在家还是在图书馆，请问您贵姓？

张　：张中海，从上海来的。

服　：（打电话）喂，是图书馆吗？　请问赵先生在吗？　这儿有张中海先生找他
　　　···啊，赵先生，这儿有一位从上海来的张中海先生要见您。　好，请他
　　　到图书馆来，我告诉他。

张　：他在图书馆吗？

服　：在，他请您去图书馆，您知道怎么走吗？

张　：不知道。

服　：您请跟我来。　您先过这个石头桥，过了石头桥以后，就一直的往北走，走
　　　到那个办公楼前头就往右拐，经过一片草地就是科学院，图书馆就在科学院
　　　的后边儿，您听明白了吗？

张　：听明白了，谢谢。

服　：您好走，您离开大学的时候，请通知我们一声。

张　：好，一定。

㈡ 在图书馆里

张中海来到图书馆看见很多学生在那儿看书，也有很多在借书，他就问馆员赵先生在哪儿。

馆员：赵先生在楼上，请您上楼吧！

张　：谢谢您。

　　　（见赵）

张：老赵，怎么样？　好久不见了，太太孩子都好吧。

赵：哎呀！　中海，难得见，什么时候来北京的？

张：来了一个多礼拜了。

赵：真好，真好。　住在哪儿啊？

张：住在北京饭店，离王家生不远，常看见他们。

赵：哦，老王好吧？　我们不常见，大家都忙，又离得远，你都参观了些什么地方？

张：我去过天安门广场，人民大会堂，历史博物院，体育馆，故宫。　这个礼拜六去
　　长城，下礼拜想去十三陵地下宫。

赵：你什么时候回上海？

张：下礼拜六。

赵：为什么不多住几天呢？

张：两个礼拜也玩儿得差不多了，学校要开学了。

赵：好，现在是十一点多钟，我带你各处走走，然后去我家吃中饭，下午我带你去参
　　观一个人民公社。

张：是不是"四季青"？

赵：对了，你怎么知道？

张：公共汽车上的卖票员告诉我的。

赵：是，这个公社就在这儿附近，很有名，我们下午去看。　现在请你等我几分钟，
　　我把这一点儿事作完了，就走。

张：好，你忙吧，我在这儿看看书。

会话第廿一课　四季青人民公社

　　中海在赵家吃了中饭以后，友梅跟中海就离开赵家往校门走去。　那天天气很好，
又是春天，校园里的花儿都开了，各种颜色都有，真好看极了。　学校有一个湖，湖
的四边儿都种了柳树，一片绿色。　学生们有的在湖边儿上谈话，有的骑着脚踏车跑

来跑去，中海看了觉得很高兴，好象自己也年轻了一样。　他们走出校门就坐公共汽车，只坐了两站就到了四季青人民公社了。　他们先到传达室去登记。

服务员：请问两位找谁？

赵　：我们不找谁，我们想参观你们的公社，可以吗？　这位是从上海来的张先生。因为你们这儿很有名，所以我特别带他来参观一次。

服　：好，请您两位在这儿等几分钟，我去找一位社员来招呼您们。

　　　（一个人走出来了）

社员：欢迎，欢迎，两位贵姓？　我姓周。

赵　：我姓赵，这位姓张。

周　：您们知道，我们的公社就种青菜跟水果，我们的青菜跟水果一年四季都有，所以才叫"四季青"。　我先带您们去参观我们的温房。

　　　（在温房里）

赵　：哎呀！　中海你看这个温房怎么怎么大啊。　这么多瓜，果，菜又大又好。

中海：看，这是什么瓜？

周　：哪个？

中海：上头挂着的那些。

赵　：我想那些是丝瓜。

中海：看着有一点儿象黄瓜。

周　：那些是苦瓜。　远看有一点儿象黄瓜，近看就不象了，吃着更不象。　苦瓜苦，可是炒肉做汤都很好吃。

赵　：中海，来这儿。　看这棵白菜多大啊，你们上海有怎么大的白菜吗？

中海：真大。　上海有没有我不知道，可是我以前没有见过怎么大的。

周　：两位先生，过来看看我们的豆子，又绿又大又好吃，还有茄子，西红柿什么的，您们走的时候可以带一点儿回去。

张，赵：谢谢，不要客气。　我们买一些带回去，你们零卖吗？

周　：不，我们的青菜跟水果都大批的供应北京跟北京的四郊。

赵　：这个温房的温度一年四季都一样吗？　多少度？

周　：差不多老是七十几度，这样青菜跟水果就长得好也不会坏。

中海：那，他们住得比人还舒服呢。

周　：一点儿也不错。

会话第廿二课　中海病了

　　那天中海从郊外参观了回来，觉得不太舒服，他的头痛。　他想他大概累了就躺在床上休息一会儿，一下子就睡着了。　他醒了的时候觉得头更痛了而且觉得有点儿热。　他心里想"不好，我生病了，怎么办？"　他立刻打电话给服务台。

张：是服务台吗？　我是四零一房间的张中海，请问这儿有医生吗？　我生病了。

服务员：哦，您生病了？　我们旅馆里就有一位医生，请他来呢还是另外请别的医生呢？

张：我也不认识别的医生，就请他来看看我吧。　他姓什么？

服：他姓陈，他的诊断一向不错，人也很好。

张：好，麻烦你请他就来吧，我觉得很不舒服。

服：好，我现在就打电话给他。

　　（陈医生叫门）

张：请进。

　　（陈医生进来了）

陈：张先生，我姓陈。　觉得怎么不舒服？

张：我头很痛，觉得很热。

陈：让我先量量你的温度。

　　（试温度）

陈：张先生，你有一点儿发烧，不太高，有一百零二度。　我想你大概着了凉，好好休息两天就好了。　要是你喜欢吃一点儿药也可以。　我就开一个方子，这样也许帮你好得快一点儿。

张：谢谢你，我愿意好得快一点儿，北京值得看的地方我还没看完呢，我下礼拜六就得回上海了。

陈：我也希望你快点儿好，这个药，请你饭后吃，每天吃四次，现在让我听听你的胸部。　请咳嗽几声。　好了，没什么，过一天就好了。

张：发烧怎么办？　烧自己会退吗？

陈：烧自己也会退。　不过，一百零一度以上，你最好吃两颗阿斯匹灵，多喝热的流

质的东西，象汤，茶什么的，少吃肉跟饭，多休息。　过一天要是还不好，请你
再打电话来。

张：谢谢你。　请问你的诊费是多少？

陈：不客气。　我是这个旅馆里的医生，专门为旅客服务的，不收费，再见。

会话第廿三课　中海再见

过了两天，中海的病好了，他就去参观了以前他想要去的几个地方。　礼拜五的
早上，他先去火车站买了火车票，然后回到旅馆收拾行李。　下午他去买了一些东西
就预备到王家去吃晚饭，因为他明天早上要回上海了，他们为他饯行。　他正在收拾
的时候，电话响了，原来是家生。　家生说“中海预备好了吗？　六点半吃饭，可是
希望你早一点儿来，要不要文山来接你？”　中海说“我差不多都预备好了，就来了。
我自己会坐公共汽车，文山不必来了，一会儿见吧。”

　　（在王家）

家生：中海，请坐，这两个礼拜过得真快啊！　还没好好的陪你玩儿玩儿，你就要走
　　　了，明天真走吗？　几点钟？　我这次一定得去送你。　上次你来的时候我没
　　　去接你，太不好意思了。　你是不是坐早上十点钟的快车？　我知道八点钟也
　　　有一班车可是慢车，每一站都停，我想这两班车差不多同时到上海。

中海：对了。　我是坐十点钟的车，这班车很快也很舒服。

　　　（文山带着钱爱华，钱先生跟钱太太进来了。）

文山：爸爸，钱先生，钱太太跟爱华都来了。

家生：哦，子人，钱太太，爱华，真好极了，大家都来了，我也请了友梅，可是他今
　　　天晚上有事不能来。　他说他祝你一路平安。　大家请随便坐。

子人：中海，真高兴又能看见你，听文山说你明天就回去了，怎么不多住几天呢？
　　　北京有很多值得看的地方啊。

爱华：王伯母呢？　她一定在厨房里。　我去看看她。

文山：我陪你去，也许妈妈要我帮她忙。

钱太太：对了，我也去厨房帮帮她吧。

　　　（在厨房里）

王太太：哎呀，钱太太，真高兴你能来，难得见。

钱太太：有什么可以帮忙的吗？　你看你怎么做了这么多菜！

爱华：看着都那么好吃。　王伯母，我真得来跟您学学。

文山：那你来啊。　每天学一个菜，吃一个菜。　一年三百六十五天，你就学会三百
　　　六十五个菜，也吃三百六十五个菜，那你可要胖得象一只大肥鹅了。

爱华：王伯母，您看文山多讨厌，你骂他吧。

钱太太：文山真有意思，真会说笑话。

王太太：文山，快把这个汤拿出去，不要逗爱华了。

爱华：这个菜也拿出去吧，我来拿。

王太太：谢谢，你们都出去，请他们都坐下吧，菜都好了，吃饭吧。

　　　　（在饭桌上）

中海：不得了，怎么多的菜。　王太太您太客气了。

王太太：没有什么菜，便饭，随便吃，不要客气。　来，先喝点儿酒吧。　家生，问
　　　他们几位都想喝什么酒？　我们有茅台，白酒，红酒跟啤酒。

中海：你们喝茅台吧，我可不能喝，太凶了，我喝白酒吧。

子人：我也不能喝茅台，我想就喝点儿啤酒吧。

家生：钱太太呢？　您喝什么？

钱太太：我可以喝一点儿红酒。

王太太：好，我陪你喝点儿红酒，爱华也喝点儿吗？

爱华：不，我不会喝。　我喝水吧。

文山：你喝汽水吧，我们两个人喝崂山汽水，好喝极了。

家生：（举杯）我们大家祝中海"一路平安"。

钱太太：下次再来北京，请把张太太带来，让我们也认识认识她。

爱华：王伯母，这叫什么汤啊？　怎么好喝！

王太太：你喜欢吗？　是粉丝肉丸白菜汤。

钱太太：您这碗狮子头好吃极了，我可做不了怎么好。

王太太：别客气，我知道你做得好，上次那条红烧鱼好吃得不得了。

钱太太：哪儿有你今天这条糖醋鱼好啊。

爱华：你们两位都怎么客气。　我说王伯母跟妈妈都会做菜，我就会吃菜。

中海：爱华的话一点儿也不错，我们就会吃菜。　看这个炒牛肉，又好吃又好看，你们快吃吧。

家生：中海，要看的地方都看了吗？　长城去了没有？

中海：上礼拜六去过了。　哦，那天我还遇见爱华跟他的一位男朋友呢，哈哈！

爱华：也不是什么男朋友，就是一个同学。

文山：哦，你不是说你有考试跟交报告吗？　不能去看电影吗？　原来是去长城！

爱华：不是，是临时决定的···我听说那张片子还在演呢，你还想去看吗？

　　　（文山不说话）

爱华：文山，我问你话呢！

文山：哦，对不起，我的头有点儿痛，我得去吃一颗阿斯匹灵。